Jonathan Gutmann

HA-HA-HALLELUJAH, HEITER UND GLÄUBIG

Jonathan Gutmann

Ha-ha-hallelujah, heiter und gläubig

Mit Humor und Heiterkeit
zu mehr Gelassenheit
im Glauben.

Francke

Über den Autor:
Jonathan Gutmann ist Fachpfleger für Psychiatrische Pflege. Er arbeitet auf einer akutpsychiatrischen Station und in der Qualitätssicherung und Pflegeentwicklung der DGD Klinik Hohe Mark in Oberursel. Daneben ist er Fachbuchautor, Referent, Burn-out-Berater und Stressbewältigungstrainer. In den christlichen Glauben ist er hineingewachsen und er hat neben seiner Tätigkeit in einer christlich geprägten psychiatrisch-psychotherapeutischen Klinik bereits sehr viele Christen und Gemeinden kennengelernt. Er ist verheiratet, hat drei Kinder und lebt mit seiner Familie in Offenbach.
Kontakt: Jonathan.Gutmann@web.de

MIX
Papier aus verantwortungsvollen Quellen
FSC® C014138

Die zitierten Bibelstellen stammen aus unterschiedlichen Übersetzungen. Der Autor hat sich jeweils für diejenige entschieden, die ihm am geeignetsten erschien.

Da die Witze zumeist dem sogenannten Volksmund entspringen, können dazu keine Urheber aufgeführt werden.

Bibliografische Information der Deutschen Nationalbibliothek
Die Deutsche Nationalbibliothek verzeichnet diese Publikation in der Deutschen Nationalbibliografie; detaillierte bibliografische Daten sind im Internet über https://dnb.de abrufbar.

ISBN 978-3-96362-419-3

35037 Marburg an der Lahn
Umschlagbild: © Freepik / gstudioimagen
Umschlaggestaltung: Francke-Buch GmbH
Satz: Francke-Buch GmbH
Druck: Printed in Czech Republic

www.francke-buch.de

Inhalt

Für Johannes

»Es gibt kein Gebot in der Bibel, das besagt,
dass du nicht lachen sollst.«

(Charles Haddon Spurgeon)

Vorwort von Martin Dreyer

Vor vielen Jahren sah ich einen superinteressanten Film im Kino, mit meinem absoluten Lieblingsschauspieler in der Hauptrolle, Robin Williams. Er spielte einen Arzt, der die Kraft entdeckt, dass Lachen Menschen heilen kann. Der Film endete dramatisch, aber die Botschaft hat vermutlich jeden Kinobesucher überzeugt: Humor heilt!

Einige Jahre später habe ich es selbst einmal ausprobiert. Als Lehrer in einer Fachschule für zukünftige Erzieher und Erzieherinnen bekam ich die Gelegenheit, außerhalb des Lehrplans eine Einheit zu unterrichten. Ich entschied mich, über das Thema »Humor als pädagogisches Mittel« zu lehren. In der Vorbereitung war ich doch überrascht, dass es dazu einiges an Material im Internet gibt. Ich kaufte mir ein Clownkostüm, schminkte mein Gesicht weiß, setzte eine rote Pappnase auf und unterrichtete so eine Klasse über das Thema. Es war eine der besten Unterrichtsstunden meines Lebens.

Humor und Lachen wirken sich positiv auf die Gesundheit und den Glauben aus, das ist die Botschaft, die uns Jonathan Gutmann in seinem Buch übermitteln möchte. Und wenn auch nur einer der Witze den Leser zum Schmunzeln bringt, dann hat sich die Lektüre schon gelohnt.

Einen Witz, den ich selbst vor Jahren einmal in einer Gemeinde erlebt habe, möchte ich dem werten Leser gerne hier noch einmal erzählen. Wir waren sonntags in einer Gemeinde als Gäste, in deren Gottesdienst ein fester Bestandteil der sogenannte Lobpreis war. In diesem Teil stehen viele Gemeindemitglieder andächtig von ihren Stühlen auf und preisen den Herrn, mal mit erhobenen Händen, mal ganz im stillen Gebet. Ich hatte es an diesem Tag in der Phase des Gebets vorgezogen, im Sitzen zu preisen, während die Dame vor mir lieber stand. Da die Reihen recht voll besetzt waren und die Schwester auch eine eher robuste Figur besaß, weilte also auf einmal direkt vor meinem preisenden Gesicht ihr fülliges Hinterteil. Plötzlich hörte ich in der Stille, wie die Dame einen flüchtigen Pfeifton aus ihrem Allerwertesten presste, der voll in mein Gesicht flog, sozusagen vom Po direkt in meine Nase. Während mir von den geschwisterlichen Darmgasen geradezu schwindelig wurde, stimmte im selben Augenblick der Lobpreisleiter das folgende bekannte Lobpreislied an: »This is the air I breathe, this is the air I breathe ...«

Viele Lacher beim Lesen wünscht
Martin Dreyer

PROLOG

Es werde Licht!

Wissen Sie, wie viele Christen man benötigt, um eine Glühbirne zu wechseln?

Charismatiker: Nur einen. Die Hände hat er schon oben.

Katholiken: Keinen - Kerzen genügen.

Pietisten: Drei. Einer ruft den Elektriker, einer mixt die Drinks und einer schildert die Vorzüge der alten Glühbirne.

Pfingstler: Zehn. Einer wechselt sie aus, neun beten gegen den Geist der Finsternis.

Calvinisten: Keinen - das Licht geht zu vorbestimmten Zeiten an und aus.

Baptisten: Mindestens fünfzehn. Eine Person, um die Birne auszuwechseln, und drei Komitees, die über den Wechsel befinden und entscheiden, wer den Kartoffelsalat bringt.

Methodisten: Unbestimmt. Ob dein Licht hell, schummrig oder völlig ausgebrannt ist - du bist geliebt. Du kannst ein helles Licht sein oder ein anderes. Ein Gottesdienst, in dem die

ganze Kirche erleuchtet wird, ist für Sonntag geplant. Bring die Birne deiner Wahl und etwas fürs gemeinsame Mahl.
Lutheraner: Sechs. Eine Frau ersetzt die Glühbirne, während fünf Männer die Beleuchtungsgrundsätze der Kirche erörtern und wie man die Glühbirne anders hätte wechseln können.
Brüdergemeinde: Sie verwenden keine Glühbirnen, weil diese im Neuen Testament offenbar nicht vorkommen.
Evangelische Kirche: Wir ziehen es vor, weder für noch gegen den Bedarf an Glühbirnen Stellung zu nehmen. Wenn Sie aber auf Ihrem eigenen Weg erkannt haben, dass Glühbirnen nützlich sind, ist das okay. Sie sind eingeladen, für den nächsten Sonntagsgottesdienst ein Gedicht zu verfassen oder einen modernen Tanz über Ihre Glühbirne zu gestalten. In diesem Gottesdienst werden wir verschiedene Glühbirnentraditionen betrachten.
Fernsehevangelist: Einen. Wenn Sie aber möchten, dass die Frohe Botschaft des Lichts weiterverbreitet wird, überweisen Sie sofort Ihre Spende.
Mennoniten: Was ist eine Glühbirne?

»Am Anfang war das Wort. Das Wort war bei Gott, und das Wort war Gott selbst. Von Anfang an war es bei Gott. Alles wurde durch das Wort geschaffen; nichts ist ohne das Wort entstanden. In ihm war das Leben, und dieses Leben war das Licht für alle Menschen. Es leuchtet in der Finsternis, und die Finsternis hat es nicht auslöschen können.«
(Johannes 1,1-5)

Diese biblischen Zeilen beschreiben sehr gut, was Sie in diesem Buch erwartet: Worte, viele Worte. Und natürlich Gott. Wo Gott ist, ist bekanntlich Licht. Deshalb möchte ich dieses Buch mit diesem Thema beginnen.

Licht spielt in der Bibel und unserem Leben eine zentrale Rolle, denn ohne Licht gäbe es kein Leben. Es ist notwendig für biologische Prozesse wie die Fotosynthese, bei der Pflanzen aus Licht Energie gewinnen und Sauerstoff freisetzen, den wir zum Atmen brauchen. Es wird für die Keimung und das Wachstum von Pflanzen benötigt und beeinflusst die Blüte und Bestäubung vieler verschiedener Pflanzenarten. Licht ist an der Regulierung unseres Schlaf-Wach-Rhythmus und der Synthese von Vitamin D beteiligt. Mitverantwortlich für unseren Schlaf ist das Hormon Melatonin, das in der Zirbeldrüse unseres Gehirns aus dem Botenstoff Serotonin gebildet wird. In den Herbst- und Wintermonaten, wenn die Tage kürzer werden und wir weniger Sonne erhalten, kann es zu einer Störung der Melatoninproduktion kommen. Die Folge sind Müdigkeit, Schlafstörungen oder die sogenannte saisonal abhängige Depression (Winterdepression). Unser Körper kann bei Lichtmangel weniger Vitamin D bilden, was zu depressiven Symptomen führen kann.

Licht hat also nicht nur den Vorteil, dass wir unsere Umwelt mit den Augen besser wahrnehmen und uns besser orientieren können, sondern es hat auch direkte Auswirkungen auf unseren Körper und unsere Psyche.

In der Bibel finden wir den Begriff an vielen Stellen, zum Beispiel gleich zu Beginn unserer Geschichte:

»Am Anfang schuf Gott Himmel und Erde. Die Erde war noch leer und öde, Dunkel bedeckte sie und wogendes Wasser, und über den Fluten schwebte Gottes Geist. Da sprach Gott: »Licht entstehe!«, und das Licht strahlte auf. Und Gott sah das Licht an: Es war gut. Dann trennte Gott das Licht von der Dunkelheit und nannte das Licht Tag, die Dunkelheit Nacht.«
(1. Mose 1,1-5)

»Ich bin das Licht der Welt. Wer mir nachfolgt, wird nicht in der Finsternis umhergehen, sondern wird das Licht des Lebens haben.«
(Johannes 8,12)

»Mache dich auf, werde Licht! Denn dein Licht kommt, und die Herrlichkeit des HERRN geht auf über dir!«
(Jesaja 60,1)

»Denn ihr wart früher Finsternis; nun aber seid ihr Licht in dem Herrn. Wandelt als Kinder des Lichts.«
(Epheser 5,8)

»Man zündet auch nicht ein Licht an und setzt es unter einen Scheffel, sondern auf einen Leuchter; so leuchtet es allen, die im Hause sind. So lasst euer Licht leuchten vor den Leuten, damit sie eure guten Werke sehen und euren Vater im Himmel preisen.«
(Matthäus 5,15-16)

Blickt man in die heutige Welt, so ist die Dunkelheit, die sich in vielen Seelen breitmacht, nicht zu übersehen: Themen wie Ungerechtigkeit, Misstrauen, Hass, Neid, Missgunst, (Umwelt-)Katastrophen, Krieg, Armut oder Krankheit finden sich fast täglich in den Medien.

Auch als Christen sind wir nicht hundertprozentig gegen Unsicherheiten, Ängsten, Zweifeln, Krankheit oder Leid gefeit. Lebens-, Glaubens- oder Sinnkrisen können unser Leben verdunkeln, aber wir dürfen gewiss sein, dass in uns immer ein kleiner Funke brennt, der unser Leben jederzeit wieder hell erleuchten kann.

Christen können sehr verschieden sein. Dies verdeutlicht der Glühbirnenwitz zu Beginn dieses Buches. Das ist grundsätzlich nichts Schlimmes oder Problematisches. Doch für manche Menschen ist der christliche Glaube ein viel zu enges Korsett, das ihnen die Luft zum Atmen nimmt. Andere wiederum fühlen sich in diesem Korsett wohl und möchten es nicht missen. Es gibt so viele verschiedene Kirchen und Gemeinden, dass jede und jeder etwas für sich finden kann. Und wenn nicht, ist das auch nicht schlimm, denn Glaube findet nicht hinter Kirchenmauern statt, sondern dort, wo man ist und sich aktiv dafür entscheidet. Glaube ist Herzenssache und das Herz tragen wir bekanntermaßen immer mit uns herum.

Problematisch wird es, wenn der Glaube nicht mehr als befreiend und entlastend erlebt wird. So ist der Grund, warum ich dieses Buch schreibe, eigentlich alles andere als lustig und humorvoll. In letzter Zeit sind mir an meinem Arbeitsplatz in einer psychiatrisch-psychotherapeutischen Klinik, aber auch in meinem privaten Umfeld immer mehr Menschen begegnet, die mit dem christlichen Glauben hadern oder sich ganz von ihm abgewandt haben. Bei manchen könnte man von einem »christlichen Burn-out« sprechen. Sie haben lange Zeit viel investiert, sich für Gott aufgeopfert, aber irgendwann sind sie an einem Punkt angelangt, an dem einfach nichts mehr ging. Das wirft verständlicherweise Fragen auf, die beantwortet werden wollen. Aber wer kann diese Antworten geben? Wer entscheidet, was richtig und was falsch ist?

Andere wiederum haben schlechte Erfahrungen in Gemeinden oder mit Glaubensgeschwistern gemacht, sind enttäuscht worden – und im schlimmsten Fall schwer traumatisiert – und stellen deshalb ihren Glauben infrage.

Hannes wird von seiner Frau zum Dorfpfarrer geschickt, da er nicht mehr an Gott glauben möchte. Er beginnt sofort: »Herr Pfarrer, ich kann einfach nicht mehr an Gott glauben.«
Der Pfarrer ist sichtlich betroffen und fragt nach: »Oh, warum denn das?«
Darauf Hannes: »Wissen Sie, ich bin einfach zu oft von Christenmenschen enttäuscht worden.«
Da lächelte der Pfarrer: »Wissen Sie was? Ich habe mich auch schon oft mit unserem Dorfmetzger gestritten, aber ich esse immer noch seine Wurst.«

Und wieder andere können nicht verstehen, warum Gott so viel Leid auf dieser Welt zulässt, warum es Hass, Ausbeutung, Kriege, Hungersnöte, Gewalt und Missbrauch gibt, wo es angeblich für Gott eine Kleinigkeit wäre, dem ein Ende zu setzen, wenn er doch so allmächtig ist.

Es gäbe hier noch viele Punkte aufzuzählen, aber was ich sagen will, ist alles andere als fröhlich und humorvoll, obwohl gerade hier Humor wichtig und hilfreich sein könnte.

Ein Tourist ist im Heiligen Land unterwegs. Leider ist sein Wortschatz begrenzt und er weiß nicht, was »Klagemauer« auf Englisch heißt. So sagt er dem Taxifahrer: »Fahren Sie mich bitte zu dem Bauwerk, wo die Leute klagen.« Der Taxifahrer nickt verständig. Kurz darauf bringt er den Touristen zum Finanzamt.

Apropos Finanzamt:

Eine arme ältere Dame benötigt dringend 200 Euro. Da sie eine gläubige Frau ist, schreibt sie dem lieben Gott einen Brief und bittet ihn darin, ihr doch das dringend benötigte Geld zu schicken. Die Postboten können mit der Anschrift auf dem Brief natürlich nichts anfangen und schicken den Brief an das Finanzamt. Ein Finanzbeamter öffnet den Brief. Beim Lesen packt ihn sofort das Mitleid mit der armen Frau. Er ruft im Finanzamt zu einer Spendenaktion für die ältere Frau auf. Leider kommen nicht die erhofften 200 Euro zusammen, aber doch immerhin 100 Euro. Der Finanzbeamte schickt das Geld an die arme alte Frau.
Diese erhält den Brief und rennt sofort in die nächste Kirche, um dem lieben Gott Danke für das Erhören ihres Gebets zu sagen. Sie setzt sich in eine Kirchenbank und betet zehn Mi-

nuten lang. Als sie langsam zum Ende kommt, sagt sie abschließend: »Wenn du mir wieder mal Geld schickst, lieber Gott, lass es doch bitte nicht über das Finanzamt laufen! Die Halunken haben mir nämlich die Hälfte abgezogen!«

Das Leben ist kein Ponyhof und auch im Leben von uns Christen bleiben Leid, Unheil, Schmerz oder Krankheit nicht aus. Die Fragen, die sich hierbei stellen, lauten allerdings:

- Wie gehen Christen mit Leid um?
- Können Christen mit ihren Verständnis- und Umgangsweisen einen Unterschied in dieser Welt machen?

Vielleicht kann dieses Buch dazu einen kleinen Denkanstoß geben.

Da es bereits eine Vielzahl von Büchern gibt, die als christliche Witzesammlungen dienen, war es nicht meine Absicht, ein weiteres Werk zu verfassen, das sich ausschließlich auf fromme Witze beschränkt. Seit einigen Jahren beschäftige ich mich beruflich intensiver mit Lachen und Humor und habe hierzu bereits zwei Bücher geschrieben. Es gibt übrigens einen ganzen Wissenschaftszweig, der sich damit beschäftigt, die Gelotologie. In dieser Auseinandersetzung bin ich zu dem Schluss gekommen, dass Humor eine ernste Sache ist. Humor und Ernst?! Was auf den ersten Blick wie ein Widerspruch klingt, wird bei näherer Betrachtung verständlicher, wie Sie später erfahren werden.

In meiner Arbeit mit Menschen in psychischen Krisen setze ich gezielt humorvolle Interventionen ein und erlebe dabei täglich die präventive, gesundheitsfördernde und heilende Wirkung des Humors. So bin ich zu der Überzeugung gekommen, dass Humor und Heiterkeit nicht nur wichtige Faktoren für unsere Gesundheit, sondern auch für ein gesundes Glaubensleben sein können. Natürlich ist Humor kein Heilmittel für alle Wunden, aber er ist ein probates Mittel, um mit den Schwierigkeiten des Lebens oder mit sich selbst und den eigenen Problemen, denen man sich täglich stellen muss, besser umzugehen. Darauf möchte ich im Verlauf des Buches weiter eingehen.

Wie soll man nun genau an dieses Buch herangehen? Eine sehr gute Frage! Ich empfehle eine große Portion Offenheit, gewürzt mit einer Prise Neugierde, viel Wissbegierde und ein wenig Nachsicht.

Auch wenn es verlockend sein mag, sich einzelne Kapitel aufgrund von Überschriften oder persönlichen Interessen herauszupicken, rate ich dringend davon ab. Zum einen besteht die Gefahr, dass die Texte nicht richtig eingeordnet oder gar missverstanden werden. Zum anderen bauen die einzelnen Kapitel teilweise aufeinander auf. Man könnte sagen, sie stellen einen humoristischen Prozess dar, den es zu durchlaufen gilt. Dieser Prozess mag anfangs wenig humorvoll sein, wird sich aber im Laufe der Lektüre ändern – versprochen!

Die gewonnenen Erkenntnisse laden am Ende des Buches zur Selbstreflexion ein. Letztlich liegt es an Ihnen, sich die folgenden Fragen zu stellen:

- Macht mir mein Christsein Spaß?
- Wie will ich meinen Glauben leben?
- Wie können Humor und Heiterkeit mein (Glaubens-) Leben und das meiner Mitmenschen positiv beeinflussen?
- Wie verändert ein fröhlicher Glaube mein Gottesbild?

Ich lade Sie nun ein zu einer ernsthaften und heiteren Reise durch die Bibel und durch den christlichen Glauben, durch seine Besonderheiten, seine Eigenarten, aber auch seine Skurrilitäten. Sie werden in diesem Buch auf Kapitel stoßen, die mal lustig, mal ernst geschrieben sind. Manches in diesem Buch wird Sie erheitern, manches vielleicht auch erschüttern. Sie werden lachen und vielleicht hin und wieder den Kopf schütteln.

Ich möchte mit diesem kleinen Feuerwerk der Freude am christlichen Glauben niemandem auf die Füße treten – deshalb bitte ich um Nachsicht. Mein Ziel ist es, den christlichen Glauben durch Humor zu erfrischen und zu zeigen, dass Christen durchaus Spaß am Leben und am Glauben haben dürfen, ja sogar sollen. Mir ist bewusst, dass ich die Welt aus der Sicht eines Mannes erlebe. Ich habe mich bei den geschlechtsspezifischen Witzen trotzdem bemüht, einigermaßen die Waage zu halten. Verzeihen Sie mir aber bitte die Stellen, an denen mir das nicht immer ganz gelungen ist.

Manche Menschen behaupten, dass Gott angeben wollte, als er sie schuf. Als er mich schuf, grinste er vermutlich und dachte: »Keine Ahnung, ob das gut geht, aber es wird bestimmt lustig.«

So wünsche ich Ihnen, dass Ihnen dieses Buch eine Hilfe für Ihren Lebens- und Glaubensalltag sein kann und dass Sie die heilsame Kraft des Lachens und des Humors am eigenen Leib erfahren dürfen.

»Viele Menschen wissen, dass sie unglücklich sind. Aber noch mehr Menschen wissen nicht, dass sie glücklich sind.« (Albert Schweitzer)

Die humoristische Krise des Glaubens - oder: Dürfen Christen Spaß haben?

Das christliche Comedy-Duo superzwei (früher nimmzwei) hat in einem seiner Lieder getextet: »Christen müssen artig sein, keine Party, keinen Wein. Ein Bein, das sich zum Tanze regt, das wird im Himmel abgesägt.«

Was die beiden Musiker anprangerten, scheint auch heute noch in vielen christlichen Denkkulturen Realität zu sein. Humor und Heiterkeit werden in christlichen Gemeinschaften oft als unwichtig oder sogar als hinderlich für den Glauben angesehen. Die Bibel zeigt uns jedoch an verschiedenen Stellen, dass Gott selbst einen Sinn für Humor haben muss und dass Lachen und Heiterkeit ein wichtiger Teil unseres Glaubenslebens sein können (oder sogar müssen?). Schon der Blick auf die Schöpfung, auf so manches Tier (suchen

Sie doch einmal nach Bildern von Seefledermäusen oder Nasenaffen) oder so manchen Artgenossen der eigenen Spezies kann uns dies deutlich machen. Und wenn Gott den Menschen nach seinem Ebenbild geschaffen hat, warum sollte er dann nicht auch einen Sinn für Humor haben?

Humor ist nicht nur in den biblischen Geschichten und ihrer Auslegung zu finden, sondern auch in unserem Alltag als Christen – wenn wir uns die Mühe machen, die Welt mit offenen Augen zu entdecken, und wenn es uns gelingt, den christlichen Glauben als etwas Fröhliches zu sehen.

Humor und Christsein sind keine Gegensätze. Der Irrglaube, Humor und Glaube seien unvereinbar, muss relativiert werden. Wir können gleichzeitig ernsthaft an Gott glauben und uns über die komischen Dinge des Lebens amüsieren. Deshalb: Ja, Christen dürfen, sollen, ja müssen Spaß haben. Es gibt keinen plausiblen Grund, warum sie ihr Leben nicht genauso mit Freude leben sollten wie alle anderen Menschen auch. Oder können Sie mir einen Grund nennen?

Der Glaube an Jesus Christus bedeutet nicht, auf Vergnügen und Freude verzichten zu müssen. Aber wir sollten uns immer wieder fragen, ob uns alles wirklich guttut. Schon in der Bibel lesen wir: »Es ist alles erlaubt, aber nicht alles ist hilfreich. Es ist alles erlaubt, aber nicht alles ist gut.« (1. Korinther 10,23)

Gerade in Krisenzeiten scheinen Humor und Lachen auf den ersten Blick nicht ins Bild zu passen. Oft fehlt uns der Humor gerade dann, wenn wir ihn am dringendsten bräuchten. Wie heißt es so schön: »Wenn dir das Wasser bis zum Hals steht, dann lass den Kopf nicht hängen.«

Der österreichische Psychiater, Neurologe und Begründer der Logotherapie, Viktor Frankl, hat selbst die Zeit im Konzentrationslager erlebt und überlebt. Er beschrieb, wie er und andere Häftlinge damals begannen, sich gegenseitig Witze zu erzählen. Unvorstellbar, oder? – Witze im Konzentrationslager. Aber hier zeigt sich sehr schön die trotzige Kraft des Humors, die allzu oft als Trotzmacht beschrieben wird. Humor kann in (scheinbar) unkontrollierbaren Situationen ein Gefühl von Kontrolle vermitteln. Für Frankl war Humor deshalb »eine Waffe der Seele im Kampf um ihre Selbsterhaltung«.[1]

Ich möchte das Christsein keinesfalls mit der Erfahrung eines Konzentrationslagers vergleichen, wenn es aber für Menschen im Konzentrationslager eine Erleichterung war, trotz unsicherer oder ausweglos erscheinender Situationen lachen zu können, warum sollten wir Christen uns dann nicht auch den Humor und das Lachen zunutze machen? Vor allem, wenn wir bedenken, dass wir aus diesem Leben sowieso nicht lebend herauskommen. Oder fürchten wir uns davor, dass das Leben plötzlich fröhlich und leichter sein könnte, wo wir es uns schon so bequem gemacht haben, es als ein Joch zu betrachten, das uns auferlegt wird?

Im ersten Kapitel habe ich versucht zu zeigen, dass Licht für uns Menschen lebensnotwendig ist. Ich möchte dem Humor den gleichen Stellenwert einräumen und bin überzeugt, dass Humor und Lachen ebenso (über-)lebensnotwendig

---

1 Frankl 2009, S. 71

sind. Für unser Leben im Allgemeinen und für unser Glaubensleben im Besonderen.

Humor hilft uns, Belastungen und Schwierigkeiten mit einer positiveren Einstellung zu begegnen und uns gegenseitig, auch wenn es komisch klingt, zu ermutigen und zu trösten. Humor und das damit verbundene, befreiende Lachen machen das Leben erträglich, wo es sonst manchmal nur schwer oder gar nicht zu ertragen wäre.[2] Das erlebe ich täglich in meiner Arbeit mit Menschen in akuten psychischen Krisen. Gerade für Menschen mit Traumafolgestörungen scheint der häufig angewandte schwarze Humor oder Galgenhumor eine Art Überlebensstrategie zu sein, der dabei hilft, den Lebenswillen aufrechtzuerhalten. Er darf jedoch nicht in eine zu starke Destruktivität kippen, da sich dies negativ auf die psychische Gesundheit auswirken kann.

Der Kabarettist Werner Finck wies darauf hin, dass die schwierigste Übung beim Turnen sei, sich selbst auf den Arm zu nehmen. Was in der Realität unmöglich ist, fällt vielen Menschen im übertragenen Sinne im Alltag schwer. Über andere zu lachen, ist leicht. Über sich selbst zu lachen, ist etwas für Fortgeschrittene. Es kann eine große Erleichterung sein, wenn man lernt, sich selbst ernst, aber nicht so wichtig zu nehmen.

Die Fraternität der Kleinen Schwestern Jesu, eine Schwesternschaft aus Paris, die sich in ihrer Spiritualität auf den Franzosen Charles de Foucauld beruft, trifft meiner Mei-

2 vgl. Lüken 2016, S. 8

nung nach mit ihren modernen Seligpreisungen den Nagel auf den Kopf: »Selig, die über sich selbst lachen können, sie werden immer genug Unterhaltung haben.«

Natürlich geht es im Leben nicht nur darum, gut unterhalten zu werden (auch wenn das sehr wichtig ist). Wer im Glaubensleben nichts zu lachen hat, nimmt entweder den Glauben oder sich selbst zu ernst. Möglicherweise gab es hier eine Verwechslung im Verständnis des Gottesnamens. Heißt er wirklich Ernst Groß?

In der Bibel steht geschrieben: »Wer mich mit Ernst anruft, der wird erhört werden. Denn mein Name ist Groß.«

Glaube und Lachen bzw. Heiterkeit gehören für mich zusammen. Ansonsten ist es ein toter Glaube.

Mir ist bewusst, dass Humor immer Ansichtssache ist und dass jeder Mensch (und damit jede Christin und jeder Christ) ein anderes Verständnis von Humor hat. Manche mögen es intellektuell, andere eher flapsig, wieder andere derb und tiefschwarz. Ich denke, solange keine Grenzen verletzt und positive Ziele verfolgt werden, ist alles in Ordnung.

Die spannende Frage, die wohl immer wieder diskutiert werden muss, ist: Was darf Humor und was nicht? Nach meinem Verständnis von Humor will er immer etwas Positives bewirken, z. B. aufrütteln, Augen öffnen, Perspektiven wechseln, erheitern und vieles mehr. Daher hoffe ich, dass Sie die Witze in diesem Buch auch als ein solches Transportmedium verstehen.

Christsein darf nicht damit gleichgesetzt werden, keine

Sorgen und Probleme mehr im Leben zu haben. Im Gegenteil: Es gibt eine Vielzahl von Problemen, die das Glaubensleben mit sich bringen kann. Wenn wir nah an Gottes Herz leben und immer mehr verstehen wollen, wie Gott fühlt, werden die Nöte der Welt zwangsläufig irgendwann unser »Herz brechen« und uns nicht mehr »kaltlassen«. Das Gute und Schöne ist aber, dass wir damit nicht allein sind. Es gibt Menschen, die den gleichen Weg gehen und die uns helfen können. Vergessen wir also nicht, dass wir nicht allein sind.

Wir können dankbar sein, dass Gott uns ein wunderbares Organ geschenkt hat, das Gehirn. Es eröffnet uns viele Möglichkeiten. Allerdings kann es das Leben auch erschweren, indem uns der Verstand zweifeln lässt, Dinge infrage stellt oder nicht rational erklären kann. Manche Dinge lassen sich nicht rational erklären, wir müssen sie glauben.

Zum Glück hat Gott uns auch ein Herz geschenkt – und eine Seele. Es kann ein großer Gewinn sein, wenn wir lernen, auf das zu hören, was unsere Seele unserem Herzen zuflüstert. Im Kampf »Kopf gegen Herz« muss also nicht die Leber verlieren, sondern die Kunst besteht darin, dass beide (Kopf und Herz) konstruktiv zusammenarbeiten.

Eine Frau kommt in den Himmel und spricht zu Petrus: »Ich habe niemals Alkohol getrunken, habe nie geraucht und bin abends nie ausgegangen, um zu feiern.« Petrus schaut sie an und sagt: »Dann gehen Sie bitte nach nebenan und lassen sich Ihre Flügel anpassen!« Die Frau ganz glückselig: »Oh, wie toll! Heißt das, dass ich jetzt als Engel umherfliegen kann?« Petrus mürrisch: »Nein, als dumme Gans!«

Ernste Lach- und Sachkunde

Wie eingangs erwähnt, braucht es im Humorprozess einige ernstere oder weniger humorvolle Passagen, um den Denkprozess in Gang zu setzen. Deshalb möchte ich Ihnen in diesem Kapitel die wissenschaftlichen Vorteile und positiven Auswirkungen des Lachens und des Humors beschreiben, um im weiteren Verlauf des Buches zu zeigen, wie sich diese Erkenntnisse positiv auf das Glaubensleben auswirken können. Keine Angst, ich verspreche Ihnen, es wird noch lustig! Aber alles zu seiner Zeit.

Schon der griechische Philosoph Aristoteles vertrat die Meinung, dass Lachen eine gesundheitsfördernde Übung ist. In der römischen Antike meinte Cicero, wer den Tag mit einem Lächeln beginne, habe ihn schon gewonnen. Der Philosoph Immanuel Kant wusste, dass der Himmel den Menschen als Gegengewicht zu den vielen Mühen des Lebens drei Dinge gegeben hat: Hoffnung, Schlaf und Lachen. Für den Komiker Charlie Chaplin war ein Tag ohne Lächeln ein verlorener Tag.

Erinnern wir uns also daran, dass ein Lächeln nichts kostet, aber viel wert ist.

Der Volksmund sagt: Lachen ist die beste Medizin. Dass das nicht immer stimmt, muss ich Ihnen nicht erklären, aber es kann vieles im Leben leichter machen. Der amerikanische Schauspieler und Entertainer Groucho Marx sagte einmal: »Lachen ist wie Aspirin, es wirkt nur doppelt so schnell.«

Mittlerweile gibt es zahlreiche Studien, die positive Auswirkungen von Lachen und Humor hervorheben. Das eben genannte Zitat enthält einen wahren Kern, denn in wissenschaftlichen Studien konnte eine Schmerzreduktion durch humorvolle Stimuli nachgewiesen werden. Beim Lachen werden Katecholamine ausgeschüttet, die zu einer Schmerzreduktion oder -stillung führen können. Dies ist vergleichbar mit dem körpereigenen Morphin. Lunge, Körper und Gehirn werden besser mit Sauerstoff versorgt, Kreislauf und Immunsystem kommen in Schwung. Unsere Abwehr- und Selbstheilungskräfte können durch die Ausschüttung verschiedener Botenstoffe aktiviert werden.

Humor erzeugt Heiterkeit, die unsere Stimmung hebt. Durch die Ausschüttung von Glückshormonen (z. B. Serotonin, Dopamin, Noradrenalin, Endorphine) können Humor und Lachen als kostenlose Antidepressiva bezeichnet werden. Gleichzeitig wird sogar die Produktion von Stresshormonen (Cortisol und Adrenalin) reduziert. Wer viel lacht, könnte also stressresistenter werden und kostenlose Krankheitsprävention betreiben, denn wir wissen heute sehr genau, welche negativen Auswirkungen ein zu hoher Cortisolspiegel auf unsere körperliche und seelische Gesundheit haben kann. Die Zahl der Arztbesuche aufgrund stressbedingter Krankheiten (z. B. Herz-Kreislauf-Probleme, Magen-Darm-Erkrankungen, Diabetes, Kopfschmerzen, Schlafstörungen) nimmt stetig zu.

Humor und Lachen werden mit einer Verbesserung der kognitiven Funktionen in Verbindung gebracht, einschließlich der Fähigkeit, Probleme zu lösen und kreativ zu denken. Durch die Anspannung des Zwerchfells beim Lachen werden verschiedene Organe kräftig durchmassiert. Dies hat Auswirkungen auf unsere Verdauung und Darmtätigkeit sowie auf die Gallenproduktion in der Leber, was sich positiv auf den Cholesterinstoffwechsel auswirkt. Beim Lachen wird der Herzschlag zunächst beschleunigt und dann deutlich verlangsamt, wodurch der Blutdruck sinkt. Die Muskeln werden besser durchblutet und können sich entspannen. Einige Forschungsergebnisse lassen sogar den Schluss zu, dass humorvolle Menschen länger leben. Bekanntlich leben Frauen statistisch gesehen länger als Männer. Glaubt man Studien, die zeigen, dass Frauen häufiger lachen als Männer, könnte das Lachen in der Tat dazu beitragen.

Das Schöne am Lachen ist, dass es ansteckend ist. Wie die Liebe verdoppelt es sich, wenn es geteilt wird. Verantwortlich dafür sind die Spiegelneuronen in unserem Gehirn.

Während wir als Säuglinge sehr früh anfangen zu lächeln und erst später zu lachen, entwickelt sich Humor erst mit dem Wachstum und der Reifung unserer Persönlichkeit.

Ein Sinn für Humor scheint von Gott in jeden Menschen gelegt worden zu sein, weshalb Lachen als ein wichtiges menschliches Grundbedürfnis angesehen werden kann. Allerdings befinden wir uns in dieser Hinsicht auf einem Kontinuum und bewegen uns ständig zwischen den Polen »kein Sinn für Humor« und »stark ausgeprägter Sinn für Humor«. Unsere Position auf dem Kontinuum kann durch verschiedene Faktoren wie genetische Komponenten, unsere Erziehung, Prägung und Sozialisation, die aktuelle Lebenssituation und ebenso unsere persönliche Lebenseinstellung beeinflusst werden.[3] Wie alle Sinne kann auch der Sinn für Humor trainiert werden. Er kann aber genauso verkümmern, wenn er nicht gefördert und gepflegt wird.

Humor ist einladend und kann Menschen verbinden. Er signalisiert Offenheit und kann die Kontaktaufnahme zu anderen Menschen ebenso erleichtern wie das Ansprechen schwieriger oder problematischer Themen, ohne dabei das Gesicht zu verlieren. Mit Humor kann es gelingen, tragfähige Beziehungen aufrechtzuerhalten. Humor kann nicht nur erheitern, sondern auch Ängste und Scham abbauen, soziale Konflikte lösen, Vertrauen schaffen, Motivation und Kreativität fördern, Hemmungen und Widerstände abbauen, das Gemeinschafts- und Zugehörigkeitsgefühl in einer Gruppe fördern, ein Ventil für Ärger und Wut sein und zur Psychohygiene und Burn-out-Prophylaxe beitragen.

Mit ihm gelingt es oft spielerisch, die Perspektive auf ungünstige Denk- und Verhaltensweisen zu verändern und diese destruktiven Muster zu durchbrechen. Er hat immer etwas Trotziges und Lebensbejahendes an sich. So kann es gelingen, den Schwierigkeiten und Problemen des Alltags ein Schnippchen zu schlagen.

Es gibt Untersuchungen, die zeigen, dass Lachen schön macht. Wer schön sein will, muss also nicht leiden, sondern lachen.

In der Forschung wird dem Humor im Zusammenhang mit der Gesunderhaltung (Salutogenese) und der Widerstandsfähigkeit (Resilienz) des Menschen in den letzten

---

3 vgl. Gutmann 2016, S. 56

Jahren immer mehr Beachtung geschenkt. Dabei darf Humor nicht auf den Witz reduziert werden, auch wenn er sich in einer schriftlichen Arbeit wie der vorliegenden besonders gut als Stilmittel eignet, das dafür sorgt, dass das Gelesene besser (oder bildhafter) im Gehirn abgespeichert wird.

All dies sollte bereits verdeutlichen, warum es gewinnbringend sein kann, Humor in den Alltag zu integrieren.

In der Wissenschaft wird zwischen adaptivem (positivem) und maladaptivem (negativem) Humor unterschieden.[4] Ich möchte mich in meinen Ausführungen auf die adaptive Form des Humors beschränken, da ich nicht zuletzt in meiner Arbeit mit psychisch erkrankten Menschen täglich von den hilfreichen Auswirkungen überrascht werde.

Der bewusste Einsatz von Humor im Rahmen einer Therapie oder Beratung kann als »therapeutischer Humor« bezeichnet werden. Er basiert immer auf Wertschätzung, Respekt und Wohlwollen. Unter diese Grundmaxime möchte ich auch den Humor in diesem Buch stellen.

---

4 Martin 2007, S. 211

HUMOR UND LACHEN IN DER BIBEL

Was steht eigentlich drin?

Den Begriff »Humor« wird man in den biblischen Texten, zumindest wenn man die Bibel in deutscher Übersetzung vorliegen hat, bei genauer Betrachtung vergeblich suchen. Das Wort stammt aus dem Lateinischen und bedeutet Feuchtigkeit. Meine Frau fragt sich häufiger, ob das von den Tränen, die man lacht, kommt, oder wenn man sich vor Lachen in die Hose macht.

In seiner ursprünglichen Bedeutung findet sich das Wort in der lateinischen Übersetzung des Neuen Testaments. Im Gleichnis vom Sämann (Lukas 8,4-15) können wir etwas darüber lesen. In diesem Gleichnis erzählt Jesus von einem Bauern, der Samen auf seinen Acker säte. Die ausgestreuten Körner fielen auf verschiedenen Boden:

1. Einige Körner fielen auf den Weg, wurden von vorbeigehenden Menschen zertreten und von Vögeln aufgepickt.
2. Einige Körner fielen in Dornengestrüpp und wurden von den Dornen erstickt.
3. Einige Körner fielen auf felsigen Boden und konnten nicht wachsen, weil nicht genügend Feuchtigkeit *(humor)* vorhanden war.
4. Einige Körner fielen auf fruchtbaren Boden und brachten Frucht.

Es wird deutlich: Ohne Feuchtigkeit keine Frucht.

Nach und nach erklärt Jesus seinen Jüngern die Bedeutung des Gleichnisses. Der Same ist das Wort Gottes. Der Boden sind wir Menschen. Die Frage ist, auf welchen Boden das Wort Gottes fällt. Haben wir die Botschaft verstanden, haben wir sie in unser Herz aufgenommen und halten wir standhaft und mit Freude daran fest? Nur auf gutem, feuchtem Boden kann der Same keimen, wachsen und Wurzeln schlagen. Im übertragenen Sinne ist es wichtig, den Sinn für Humor, den Gott in uns gelegt hat, zu nutzen und zu nähren, damit sein Wort von uns nicht nur gehört und verstanden wird, sondern auch tiefe Wurzeln in uns schlagen kann.

Im heutigen deutschen Sprachgebrauch steht das Wort »Humus« für eine Bodenform, die eine optimale Grundlage für das Pflanzenwachstum bietet.[5]

5 vgl. Morgner 2013, S. 59

Auch wenn das Wort Humor in unserem heutigen Verständnis in der Bibel nicht vorkommt, gibt es viele Stellen, die zum Schmunzeln einladen. Da ist zum einen die Geschichte vom Balken und Splitter (Matthäus 7,1-5). Den winzigen Splitter im Auge unseres Gegenübers sehen wir sofort, aber den riesigen Balken in unserem eigenen Auge nehmen wir nicht wahr. Ein ernstes Thema humorvoll dargestellt.

Oder was ist mit dem Kamel, das eher durch ein Nadelöhr geht, als dass ein Reicher in den Himmel kommt (Markus 10,25)? Ein lustiges Bild, wenn das arme Kamel versucht, sich durch ein kleines Nadelöhr zu zwängen. Zu dieser Bibelstelle gibt es allerdings unterschiedliche Interpretationen. Spricht Jesus hier wirklich von einem leibhaftigen Kamel, das sich durch ein Nadelöhr quetschen soll? War das Nadelöhr vielleicht ein kleines, enges Tor in der Stadtmauer von Jerusalem? Oder handelt es sich um einen Übersetzungsfehler? Im griechischen Text müsste die Lesart *kamilos* statt *kamelos* lauten, denn dann wäre von einem Schiffstau oder einem Seil die Rede, das durch ein Nadelöhr gehen muss. Auch wenn die Kamel-Variante in unserer Vorstellung sicherlich lustiger ist, klingt die Schiffstau-Version für die damalige Zeit irgendwie plausibler. Letztendlich bleibt es wohl unserer Fantasie überlassen, ob wir uns lieber ein Kamel oder ein Schiffstau vorstellen.

Die Verwandlung von Wasser in Wein (Johannes 2,1-12) war ebenso genial wie der Gang auf dem Wasser (Matthäus 14,25) oder die Speisung der 5000 mit nur fünf Broten und zwei Fischen (Markus 6,30-44) – von denen übrigens nirgends steht, wie groß sie waren.

Dazu eine kleine Anekdote aus meinem Leben: Eines der Lieblingsgerichte in unserer Familie sind Spätzle. Meine Frau rettet als ehrenamtliche Foodsaverin regelmäßig Lebensmittel, die noch genießbar sind, vor der Tonne. Als sie eine Packung Spätzle zubereitete (mehr gab es nicht zu retten), kündigte unsere Tochter an, dass sie sehr viele davon essen würde. Behutsam versuchte meine Frau ihr zu erklären, dass die Spätzle auch mit der restlichen Familie geteilt werden müssen. Darauf meine Tochter: »Na und, Gott hat schließlich fünf Brote und zwei Fische vermehrt.«

Man könnte sich an dieser Stelle fragen, ob Jesus Philippus hier nicht auf den Arm genommen hat. In den Bibelübersetzungen lesen wir, dass er sein Vertrauen auf die Probe stellte, weil er schon wusste, wie er die Menge versorgen würde. Der arme Philippus muss ziemlich dumm aus der Wäsche geschaut haben, als Jesus ihn fragte, wo sie denn jetzt genug Brot für all die Leute herbekommen sollten.

Heute wäre es ohnehin nicht so einfach, 5000 Menschen damit zu ernähren. Aus der Menge kämen sicher die unterschiedlichsten Fragen oder Beschwerden: »Ist das Brot glutenfrei?« – »Ist der Fisch bio?« – »Ich bin Vegetarierin.«

Über das Lachen finden sich einige Stellen in der Bibel, z. B.:

> *»Glücklich seid ihr, die ihr jetzt weint, denn die Zeit wird kommen, in der ihr vor Freude lachen werdet.«*
> (Lukas 6,21)

»Wir lachten aus vollem Hals und jubelten laut vor Freude. Auch die anderen Völker mussten zugeben: ›Was der HERR für sie getan hat, ist groß und gewaltig!‹«
(Psalm 126,2)

In den Apokryphen findet sich ebenfalls ein schöner Satz:

»Versäume keinen fröhlichen Tag und lass dir die Freuden nicht entgehen, die dir beschieden sind.«
(Sirach 14,14)

Dann wäre da noch die spannende Frage, ob Gott und Jesus jemals gelacht haben. Da wir davon ausgehen, dass das Lachen wie der Toilettengang auch früher schon zum normalen Leben gehörte, findet es in der Bibel vielleicht deshalb weniger Beachtung. Dabei steht dort sogar etwas über das Verrichten der Notdurft:

»Wenn ihr Krieg gegen eure Feinde führt, dann achtet darauf, dass es nichts in eurem Lager gibt, was euch in den Augen des Herrn unrein macht. Wenn ein Mann nachts im Schlaf einen Samenerguss hatte, ist er unrein und muss das Lager verlassen. Er darf es am nächsten Tag nicht betreten. Erst bei Sonnenuntergang kann er zurückkommen, wenn er sich vorher gewaschen hat. Außerhalb des Lagers sollt ihr einen Platz haben, wo ihr austreten könnt.

Wenn jemand dort sein Geschäft erledigt, soll er vorher ein Loch graben und es danach wieder mit Erde füllen. Nehmt dazu in eurem Gepäck eine kleine Schaufel mit. Der HERR, euer Gott, ist mitten unter euch in eurem Lager. Er beschützt euch und gibt euch den Sieg über eure Feinde. Deshalb muss euer Lager heilig sein. Wenn der Herr dort etwas sieht, was er verabscheut, wendet er sich von euch ab.« (5. Mose 23,10-15)

Tretminen im eigenen Lager waren also nicht erwünscht. Gott sei Dank handelt es sich hier um den Alten Bund. Wer hat schon Lust, dauerhaft einen Klappspaten mit sich herumzutragen?! Um Klogeschichten soll es hier jetzt aber nicht gehen, deshalb weiter im Text.

Lachen war lange Zeit (vor allem in bestimmten Kreisen) verpönt. Noch heute gibt es große kulturelle Unterschiede. In Afghanistan zum Beispiel verbieten die Taliban den Frauen, in der Öffentlichkeit laut zu lachen, weil kein Fremder die Stimme der Frau hören soll. Früher war das Problem eher der mögliche Kontrollverlust über den eigenen Körper. Deshalb ist Lachen auch im 21. Jahrhundert nicht unbedingt die beste Medizin, wenn man Durchfall hat und nicht gerade auf einer Toilette sitzt.

In der Vergangenheit wurde vor allem die unangemessene Funktion des Humors betont, bei der andere Menschen ausgelacht, verspottet oder lächerlich gemacht werden. Mit heilsamem Humor hat das nichts zu tun.

Der Prophet Elia spottete beispielsweise über die 450 Baalspriester, als sie vergeblich versuchten, ihren Gott Baal dazu zu bringen, ihnen Feuer zu schicken: »Ihr müsst lauter rufen, wenn euer großer Gott es hören soll! Bestimmt ist er gerade in Gedanken versunken, oder er musste mal austreten. Oder ist er etwa verreist? Vielleicht schläft er sogar noch, dann müsst ihr ihn eben aufwecken!« (1. Könige 18,27)

David stellt sich Gott in Psalm 2,4 so vor, dass er über die Pläne und Vorhaben der Menschen lacht und spottet. Jener König David, der mit seinem Volk (halb-)nackt vor Freude und zur Ehre Gottes tanzte (2. Samuel 6).

Wenn Gott hier die Fähigkeit zum destruktiven Lachen hat, dann wird er sicher auch die andere Seite des Lachens kennen und nutzen.

Wie bereits erwähnt, waren Humor und Lachen früher oft eher negativ besetzt. Folgt man bestimmten Argumentationen, so besteht die Gefahr, dass die Würde und Autorität Jesu untergraben wird, wenn man ihn mit diesem Lachen in Verbindung bringt. Vielleicht kommt deshalb das Lachen Jesu in der Bibel nicht vor.

Der Theologe Klaus Berger weist darauf hin, dass das Lachen Jesu lediglich in einigen apokryphen Evangelien beschrieben wird. Ansonsten wird nicht darüber berichtet und der Fokus scheint eher darauf zu liegen, dass er die Menschen durch Geschichten, Erzählungen oder Gleichnisse zum Lachen bringt. Dies hat nicht nur eine befreiende Wirkung, sondern weckt auch Interesse, sorgt für Verständnis, klärt auf eine freundliche, nicht verletzende und kränkende Art und Weise auf und schafft darüber hinaus einen neuen Zugangsweg zu ihm selbst. Für Berger ist der Humor Jesu der »Vater aller seiner Weisheit«.[6] Berger beschreibt weiter, dass Jesus immer wieder mit seinen gezielt eingesetzten Worten Dinge ad absurdum führt, z. B.

---

6 Berger 2019, S. 11

- Perlen vor die Säue werfen (Matthäus 7,6)
- Tote, die Tote begraben (Lukas 9,60)
- Blinde, die Blinde führen (Matthäus 15,14)
- neuer Wein in alten Schläuchen (Matthäus 9,17)
- hungrigen Kindern Schlangen oder Skorpione reichen (Lukas 11,11-12)
- Leuchter unter den Scheffel stellen (Matthäus 5,15)
- Kamele schlucken (Matthäus 23,24)[7]

Er weist ebenfalls darauf hin, dass die Evangelien voll von verschiedenen Erinnerungen an den feiernden Jesus sind.[8] Ein Fest ohne Lachen? Schwer vorstellbar! Ebenso lesen wir in der Bibel, dass Kinder gerne zu Jesus kamen und sich um ihn scharten. Hätte er nichts Fröhliches und Liebenswertes an sich gehabt, wäre das wohl weniger vorstellbar gewesen. Ein ernster, humorloser Griesgram kann er also nicht gewesen sein.

In vielen Kirchen zwischen dem 14. und 19. Jahrhundert war das Lachen wahrscheinlich nur einmal im Jahr zu hören. Nämlich dann, wenn zu Ostern die Gottesdienstbesucher während der Predigt zum Lachen gebracht wurden, was als sogenanntes Osterlachen in die Geschichte einging. Böse Zungen behaupten, dass es auch heute noch Kirchen geben soll, in denen höchstens einmal im Jahr gelacht wird. Wie traurig ...

---

7 vgl. ebd., S. 27
8 ebd., S. 102

Doch zurück zur Frage, ob Gott lacht oder ob er gelacht hat. Vielleicht bringt die wohl bekannteste Geschichte über das Lachen in der Bibel etwas Licht ins Dunkel. Sie steht ziemlich am Anfang der Bibel. Als Gott zu Abraham sagte, er solle im hohen Alter von 99 Jahren doch noch einen Sohn bekommen, krümmte er sich vor Lachen auf dem Boden (1. Mose 17,17). Auch Sara, die mit zunehmendem Alter vom Nachlassen der Fruchtbarkeit zu wissen schien, lachte, als sie von Gott hörte, dass sie schwanger werden sollte (1. Mose 18,12). Als ihr Sohn tatsächlich geboren wurde, gab Abraham ihm den Namen Isaak, was in etwa mit »Er lacht« oder »Gott lacht« übersetzt werden kann. Nach der Geburt sagte Sara: »Gott hat dafür gesorgt, dass ich lachen kann. Alle, die davon hören, werden mit mir lachen.« (1. Mose 21,6) Gott hat Sara also zum Lachen gebracht und diese Aktion soll alle Menschen, die davon hören, ebenfalls zum Lachen bringen. Eine schöne Vorstellung, wie ich finde.

Spätestens der Gedanke, dass Gott den Menschen nach seinem Ebenbild geschaffen hat, sollte die Lachdebatte verstummen lassen. Wenn der Mensch lacht, dann lacht wohl auch Gott.

> *»So kam ich zu dem Schluss, dass es für den Menschen nichts Besseres gibt, als fröhlich zu sein und das Leben zu genießen.«*
> (Prediger 3,12)

Gibt es Gott wirklich? - oder: Im Zweifelsfall für den Angeklagten!

In einem Krankenhaus stößt ein junger Praktikant versehentlich mit dem Chefarzt zusammen.
Der Praktikant erkennt den Chefarzt sofort, läuft rot an und spricht zu ihm: »Oh mein Gott! Ich bitte vielmals um Entschuldigung!«
Der Chefarzt blickt ihn an: »Ist schon in Ordnung! Aber Professor reicht vollkommen als Anrede!«

Die Frage nach der beweisbaren Existenz Gottes treibt viele Menschen um. Ein Satz aus dem Film »Prometheus«, den ich vor langer Zeit gesehen habe, ist mir in diesem Zusammenhang im Gedächtnis geblieben. Dort antwortet jemand auf die Frage »Woher wissen Sie das?« folgendermaßen: »Ich weiß es nicht, aber ich habe mich entschieden, es zu glauben.«

Lehrerin: »Glaubst du an Gott?«
Schüler: »Ja!«
Lehrerin: »Siehst du ihn?«
Schüler: »Nein!«
Lehrerin: »Kannst du ihn anfassen?«
Schüler: »Nein!«
Lehrerin: »Dann existiert er nicht!«
Schüler: »Haben Sie ein Gehirn?«
Lehrerin: »Ja!«
Schüler: »Sehen Sie es?«

Lehrerin: »Nein!«

Schüler: »Können Sie es anfassen?«

Lehrerin: »Nein!«

Schüler: »Dann existiert es nicht!«

Vieles im Leben lässt sich nicht erklären, so auch für viele Menschen die Existenz Gottes.

Wie man nicht beweisen kann, dass es Gott gibt, kann man gleichermaßen auch nicht beweisen, dass es ihn nicht gibt. Der Glaube ist also eine persönliche und ganz bewusste Entscheidung, die neben der subjektiven Überzeugung auf Vertrauen und Zuversicht beruht. Sie vermag dem Leben Sinn zu geben und uns auf das auszurichten, was uns einmal erwartet.

Für manche Menschen scheint es schwierig zu sein, Gott nicht sehen und greifen zu können. Der englische Baptistenpastor Charles Haddon Spurgeon bemerkte dazu, er sei erstaunt, wenn er von Wissenschaftlern höre, sie könnten Gott nicht sehen. Für ihn sei es unmöglich, Gott nicht zu sehen.[9]

Es könnte im Grunde so einfach sein, wenn da nicht der Mensch wäre (Sie erinnern sich an Adam und Eva und dass es hier schon begann). Der britische christliche Schriftsteller Adrian Plass beschreibt den Menschen in seinem »Ultimativen Wörterbuch des wahren Glaubens« folgendermaßen: »Menschen: der Hauptgrund, weshalb Gott seinen Sohn schickt, und zufällig und lächerlicherweise auch das Haupthindernis für die Erfüllung seines Plans.«[10] Viele

---

9 vgl. Spurgeon 1985, S. 11
10 Plass 2008, S. 138

Menschen tragen neben falschen Glaubenssätzen falsche Gottesbilder in sich. Je nachdem, welches Gottesbild wir haben, kann der christliche Glaube positive, aber auch negative Auswirkungen auf unser Leben haben. Wenn ich Gott als liebenden Vater oder als Mutter sehe, kann mir das Kraft und Zuversicht geben, ich kann meine Ziele verfolgen, ich kann Hoffnung in mir tragen, ich kann einen Sinn in meinem Leben und in meinem Dasein sehen. Ebenso kann ich mich getröstet fühlen, wenn die Stürme des Lebens über mich hereinbrechen oder das Leben nicht so verläuft, wie ich es mir wünsche. Wenn ich immer auf der Hut vor einem strafenden Gott bin und in ständiger Angst lebe, kann das irgendwann die Seele aus dem Gleichgewicht bringen und es besteht die Gefahr, psychisch zu erkranken.

Und dann ist da noch der blinde Glaube. Glauben ersetzt bekanntlich nicht das eigene Denken. Blinder Glaube kann schnell zu Vorurteilen, Dogmatismus oder Fanatismus führen. Kritisches Denken bietet daher einen gewissen Schutz davor. Für Spurgeon ist ein denkender Christ ein wachsender Christ.[11]

Schon der griechische Philosoph Epiktet wusste, dass es nicht die Dinge sind, die uns beunruhigen, sondern die Meinungen, die wir über die Dinge haben. So ist es nicht verwunderlich, dass wir auch in der Bibel etwas darüber finden. Paulus mahnt, alles zu prüfen und das Gute zu behalten (1. Thessalonicher 5,21).

---

11 Spurgeon 1985, S. 22

Der fromme Karl-Heinz geht in einen Fast-Food-Laden und bestellt sich eine Portion Pommes. Er stellt diese auf einen freien Tisch und hängt seine Jacke über den davorstehenden Stuhl. Anschließend geht er sich schnell noch eine Serviette holen. Als er zurück an seinen Platz gehen will, sieht er, wie ein farbiger Mann an seinem Tisch sitzt und genüsslich seine Portion Pommes isst. Sofort denkt er sich: »Ich bin ja wirklich für Integration, aber das hier geht jetzt einfach zu weit.« Wortlos stellt er sich neben den Farbigen und nimmt sich eine Pommes. Abwechselnd essen sie wortlos die Portion auf. Als die Pommes aufgegessen sind, steht der farbige Mann auf, holt eine Fanta, stellt sie Karl-Heinz auf den Tisch und verabschiedet sich freundlich von ihm. Zufrieden denkt sich Karl-Heinz: »Tja, da hat jemand wohl doch ein schlechtes Gewissen.« Und als er in sich hineinschmunzelt, merkt er plötzlich, dass seine Jacke verschwunden ist. Erbost denkt er bei sich: »Dieser Mistkerl, jetzt hat er mich übers Ohr gehauen. Ich wusste es doch immer, man kann diesen Leuten einfach nicht trauen.« Er blickt sich im Raum um, ob er den Mann noch irgendwo sehen und zur Rede stellen kann. Dabei fällt sein Blick auf den Nachbartisch, wo er neben einer unangetasteten Portion Pommes auch den Stuhl mit seiner Jacke sieht.

Irren ist menschlich. Dieser Satz trifft sehr gut auf unser irdisches Dasein zu. Jeder Mensch macht Fehler oder unterliegt gelegentlich einem Irrglauben. Wir alle sind durch unsere Erziehung und Sozialisation geprägt und haben bestimmte Denk- und Handlungsweisen für unser eigenes Leben übernommen. Manchmal bewusst, manchmal unbewusst. Es macht Sinn, diese immer wieder zu hinterfragen und zu überprüfen. Letztendlich muss jeder seinen eigenen Weg finden, den er für sich als passend, möglich und zumutbar empfindet. Wichtig ist eine gewisse Offenheit und sich immer wieder vor Augen zu führen, dass in Stein gemeißelte Thesen vielleicht doch weniger Substanz haben, als uns eingetrichtert wurde. Das Leben (und somit auch das Glaubensleben) ist ein lebenslanger (Lern-)Prozess, den es bis zum Lebensende zu durchlaufen gilt.

Noch eine andere spannende Frage gilt es zu beantworten. Wo finden wir eigentlich Gott? Es gibt Menschen, die ihr Leben lang vergeblich nach Gott suchen, obwohl man eigentlich gar nicht weit gehen muss, um ihn zu finden. Der Theologe und Philosoph Meister Eckart sagte dazu im 13. Jahrhundert treffend: »Gott ist immer in uns. Nur wir sind selten zu Hause.« Wenn wir also nicht zu Hause sind, suchen wir ihn vergeblich im Außen. Wir müssen ihn an und in uns entdecken. Wenn wir aber mit uns selbst nicht in gutem Kontakt sind und unser Innerstes meiden, kann das schwierig werden.

Glauben ist immer eine bewusste Entscheidung. Was aber, wenn wir zweifeln? Dann gilt der Grundsatz: Im Zweifel für den Angeklagten. Letztlich wissen wir nicht, ob es Gott gibt oder nicht, wir können uns nur dafür entscheiden, an ihn zu glauben.

Dass der Glaube daran nicht schaden kann, wusste schon der französische Mathematiker und Physiker Blaise Pascal, dessen »Pascalsche Wette« im 17. Jahrhundert zweifelnden Menschen einen interessanten Denkanstoß gab. Wenn es nur ein Schwarz (»Es gibt Gott«) oder ein Weiß (»Es gibt keinen Gott«) gibt und der liebe Gott den Glauben an ihn mit dem Himmelreich belohnt, den Unglauben aber mit der Hölle bestraft, dann ist es besser, an ihn zu glauben (und auf das richtige Pferd zu »wetten«). Oder um es mit der Beweislastregel auszudrücken: *In dubio pro reo* – Im Zweifel für den Angeklagten.

Diese »Wette« beweist nicht die Existenz Gottes, aber sie liefert starke Argumente für den christlichen Glauben. Der Glaube sollte jedoch niemals auf Angst beruhen, auch wenn sich eine extrinsische (von außen kommende) Motivation irgendwann in eine intrinsische (von innen kommende) Motivation verwandeln kann.

Einem Pfarrer werden immer wieder Kirschen aus seinem Garten geklaut. Irgendwann reicht es ihm und er hängt an den Baum ein Schild, auf dem groß geschrieben steht: »Gott sieht alles!«
Als er am nächsten Tag durch seinen Garten läuft, stellt er fest, dass erneut Kirschen gestohlen wurden. Und auf dem Schild, das er angebracht hat, steht darunter neu geschrieben: »Aber er ist kein Verräter!«

Der Schöpfungsakt

Ein wichtiger Hinweis zu Beginn dieses Kapitels: Es folgt eine wilde und humorvolle Reise durch die Schöpfungsgeschichte (die so natürlich nicht stattgefunden hat, aber die Grundlage für die folgenden Witze bildet). Wenn Sie keinen Spaß verstehen, ist es vielleicht besser, dieses Kapitel zu überspringen. Sollten Sie dennoch neugierig sein, warne ich Sie vor einer Überbeanspruchung Ihrer Lachmuskeln. Wie auch immer Sie sich entscheiden: Ich habe Sie gewarnt!

Nach dem vorigen Kapitel sind wir nun einen Schritt weiter und glauben, dass es Gott gibt. Und schon stehen wir vor dem nächsten Problem: der Entstehung der Erde und des Lebens.

Fritzchen fragt seinen Vater: »Du, Papa, wie kommt es eigentlich, dass der liebe Gott die Welt in nur sieben Tagen erschaffen hat?«
Darauf der Vater: »Tja, mein Sohn, er war eben nicht auf Beamte und Handwerker angewiesen!«

Nachdem Gott das Ruhrgebiet erschaffen hatte, sagte er: »Essen ist fertig.«

Mark Twain vertrat die Ansicht, Gott habe den Menschen erschaffen, weil er vom Affen enttäuscht gewesen sei. Danach habe er auf weitere Experimente verzichtet.

Die Frage nach Gottes Schöpfung spaltet viele Menschen, auch Christen. Kreationisten sind fest davon überzeugt, dass die sieben Tage nach heutigem Verständnis wörtlich zu nehmen sind. Andere Christen sind der Meinung, dass Gott ein anderes Zeitverständnis hat als wir Menschen und sehen den Zeitraum weiter. So kommt es immer wieder zu Unstimmigkeiten oder Streitigkeiten zwischen göttlicher Schöpfung und naturwissenschaftlicher Evolution (die grundsätzlich kein Widerspruch sein müssen).

Im Unterricht erklärt der Religionslehrer heute seinen Schülerinnen und Schülern die Entstehung des Menschen: »... und deshalb sind Adam und Eva unsere Vorfahren!«
Daraufhin meldet sich der kleine Max: »Herr Lehrer, meine Eltern sagen, dass wir vom Affen abstammen.« Daraufhin der Religionslehrer: »Max, wir reden hier ja auch nicht von deiner Familie!«

Warum Gott ausgerechnet den Mann als Erstes schuf und anschließend daraus die Frau formte, gibt vielen Menschen Rätsel auf. Kein Wunder, dass es nicht lange dauerte, bis sich einige humorvolle Theorien darüber verbreiteten:

Theorie 1:

Warum hat Gott als Erstes den Mann und danach erst die Frau erschaffen?
Er wollte keine Ratschläge bei den Details.

Theorie 2:

Zuerst schuf Gott den Mann, um noch etwas zu üben, denn als er ihn sich so ansah, dachte er sich: »Das kann ich bestimmt noch besser.«

Theorie 3:

Der Religionslehrer fragt seine Schülerinnen und Schüler, ob jemand von ihnen eine Idee hätte, warum Gott Adam als Erstes schuf und danach erst Eva. Daraufhin meldet sich Karlchen: »Wenn Gott Eva zuerst geschaffen hätte, dann hätte sich Adam vielleicht wieder aus dem Staub gemacht.«

Je nach Betrachtungsweise des Äußeren gibt es weitere Thesen über die Zufriedenheit Gottes:

In der Bibel lesen wir, dass Gott am 6. Tag Mann und Frau erschuf. Als Erstes schuf er den Mann. Er betrachtet ihn ausgiebig und spricht zu sich selbst: »Ein absolutes Meisterwerk, dieser wohlgeformte Körper, die ausgeprägten Muskeln, diese vollendete Ästhetik.« Danach kreiert er die Frau, zuckt mit den Achseln und sagt: »Okay, die müssen sich halt schminken.«

Gott gab den Frauen schöne Augenbrauen, aber sie malen sie sich selbst. Er gab ihnen eigene Fingernägel, aber sie lassen sich Gelnägel aufkleben. Er gab ihnen Lippen, aber sie müssen sie »erweitern«. Wenn nicht mal Gott Frauen zufrieden und glücklich machen kann, wie sollen es denn dann bitte schön die Männer schaffen?

Willst du einen Mann verstehen, musst du ein Mann sein. Willst du eine Frau verstehen, musst du der liebe Gott sein.

Als Gott die Erde erschuf, versprach er den Frauen, dass es an jeder Ecke den perfekten Mann für sie zu finden gibt. Und dann machte er die Erde rund.

Eigentlich waren Adam und Eva zu beneiden. Sie führten ein paradiesisches Leben. Es gibt noch einen weiteren Grund, warum viele Männer Adam beneiden:

Adam hatte wirklich ein paradiesisches Leben. Er war der einzige Mann ohne Schwiegermutter.

Gott kam zu Adam und Eva und sagte: »Ich habe zwei Geschenke für euch. Einmal die Fähigkeit, im Stehen zu pinkeln ...« Adam unterbricht Gott und ruft begeistert: »Das will ich! Das will ich!« Also erfüllte Gott ihm diesen Wunsch. »Und was bekomme ich?«, fragte Eva. »Du bekommst ein Gehirn.«

Oder wollte Gott durch den Diebstahl von Adams Rippe lediglich darauf hinweisen, dass durch Klauen nichts Vernünftiges herauskommt?

Zu der Sache mit der Rippe gibt es noch eine andere Theorie:

Adam lebte einige Zeit glücklich und zufrieden allein im Paradies, bis ihn allmählich die Langweile packte. Er wandte sich an Gott und fragte ihn: »Gott, das hier ist alles sehr schön, aber irgendwie ist mir jetzt doch ziemlich langweilig. Kannst du nicht für etwas Abwechslung sorgen?«
Gott antwortete: »Selbstverständlich. Ich könnte dir eine Partnerin erschaffen, die dich liebt und ehrt, die immer zärtlich zu dir ist, die dir zuhört, wann immer du es wünschst, dir das Essen zubereitet, das Haus sauber hält und dir jeden Wunsch von den Lippen abliest. Was hältst du davon, Adam?«
Adam war begeistert, kam dann aber ins Zweifeln. »Die Sache hat doch sicher einen Haken, oder?«
»Nun ja, in der Tat«, antwortete ihm Gott. »Es kostet dich einen Arm und ein Bein.«
»Oje, das ist wirklich hart,« meinte Adam. »Geht es nicht ein bisschen billiger? Was würde ich denn zum Beispiel für eine Rippe bekommen?«

Wie auch immer es begann, alles ging weiter:

Gott sagt zu Adam, dass es an der Zeit sei, die Welt zu bevölkern. »Adam, du kannst Eva nun küssen.« Adam ist irritiert: »Herr, was ist ›küssen‹?« Gott erklärt es ihm. Adam verschwindet mit Eva im Gebüsch. »Nun, wie war es?«, fragt ihn der Herr, als Adam wieder hervorkommt. »Es war großartig.« – »Dann darfst du sie jetzt am ganzen Körper verwöhnen und sie streicheln«, empfiehlt ihm der Herr. »Herr, wie geht das, was ist streicheln?« Gott erklärt es ihm und Adam verschwindet wieder im Gebüsch. Als er nach ein paar Stunden zurück ist, meint Adam: »Wow Gott, das war noch viel besser als küssen. Was kann ich jetzt tun?« Gott: »Pass auf, Adam, nun kommt noch etwas viel Schöneres. Jetzt darfst du Sex mit ihr haben.« – »Was ist Sex, Herr?« Gott erklärt es ihm geduldig und spricht: »Nun gehet hin und vermehret euch.« Voller Tatendrang verschwindet Adam erneut hinter dem Busch. Keine Minute später ist er allerdings schon wieder zurück. »Herr, was ist Migräne?«

Adam und Eva sitzen beim gemeinsamen Abendbrot. Plötzlich schreit Adam empört auf: »Eva, was sehe ich denn da in meinem Salat? Ist das nicht meine Sonntagsunterhose?«

Irgendwann kam es zum berühmten Sündenfall und Adam und Eva wurden aus dem Paradies vertrieben.

Als Gott Eva erwischte, als sie von der verbotenen Frucht aß, war er sehr erzürnt und rief: »Dafür sollst du bluten!«
Eva: »Kann ich auch in monatlichen Raten zahlen?«

Im Konfirmandenunterricht beobachtet der strenge Pfarrer, dass Peter aus dem Fenster blickt und nicht ganz bei der Sache zu sein scheint. Daraufhin spricht er ihn an: »Peter, hast du gut zugehört, was ich gesagt habe?« Peter erschrickt kurz, antwortet dann aber direkt: »Aber natürlich, Herr Pfarrer.«
»Na, dann weißt du sicher, was Gott zu Eva gesagt hat, als er sie aus dem Paradies warf?«
Peter versucht, sich an die letzten Sekunden zu erinnern, und

antwortet: »Auf dem Bauch sollst du kriechen und Staub wischen bis ans Ende deiner Tage.«

Die kleine Lisa wird im Religionsunterricht gefragt, ob sie eine Idee habe, was Eva denn dazu veranlasst haben könnte, die verbotene Frucht zu essen. Sie überlegt nicht lange und sagt: »Vielleicht wollte sie endlich ein Kleid haben.«

Der Religionslehrer fragt seine Klasse: »Welche Sünde hat Adam begangen?« Thilo meldet sich: »Er hat von der verbotenen Frucht gegessen.« Daraufhin der Lehrer: »Richtig Thilo, und womit wurde er dann bestraft?« Thilo überlegt kurz: »Er musste Eva heiraten.«

Auf einer Feministinnen-Demonstration bekommen sich eine Demonstrantin und ein Gegendemonstrant in die Haare. Die Feministin schreit ihn an: »Wo bitte schön wärt ihr Männer denn ohne uns Frauen?« Daraufhin der Gegendemonstrant: »Na, im Paradies.«

Alles hätte anders kommen können, wenn Eva nicht Vegetarierin gewesen wäre und sie statt der Frucht die Schlange gegessen hätte.

Wie konnte es dazu kommen, dass Eva von der verbotenen Frucht aß?

Als Adam und Eva aus dem Paradies vertrieben wurden, gerieten Adam und Eva in Streit: »Es hat alles damit angefangen, dass du von der verbotenen Frucht gegessen hast«. Darauf Eva: »Nein, ich hätte nicht von diesen komischen Pilzen essen sollen. Danach fing plötzlich die Schlange an zu sprechen.«

Zuerst hat Gott die Welt erschaffen. Danach hat er allen Völkern ihren Dialekt gegeben, den Berlinern, den Sachsen, den Schwaben, den Münchnern, bis schließlich kein Dialekt für die Franken mehr übrig blieb. Diese wurden traurig, drehten sich um und wollten gerade weggehen, als Gott sagte: »Edz warded doch amol. Dann blauderd ihr hald wie iich.«

Wir Menschen sind das Sahnehäubchen, die Krone der Schöpfung Gottes. Er hat uns nach seinem Ebenbild gemacht.

Dass wir Menschen die Krone der Schöpfung sind, zeigt sich dann besonders, wenn wir in einer gebückten Haltung mit einem Schäufelchen das Katzenklo säubern.

Neben dem Auftrag, fruchtbar zu sein und uns zu vermehren, hat Gott uns den Auftrag gegeben, uns die Erde untertan zu machen. Anscheinend haben wir diesen Auftrag bis heute falsch verstanden, sonst würden wir besser mit ihr umgehen. Aber das wäre ein anderes Thema, über das man Bücher schreiben könnte ...

Noch heute wird darüber gestritten, welches das älteste Handwerk der Welt ist.

Ein Maurer, ein Elektriker und ein Zimmermann streiten sich, welches Handwerk das älteste ist. »Wir haben 2500 vor Christus die Pyramiden gebaut«, sagt der Maurer. Darauf der Zimmermann: »Wir haben vorher die Arche Noah gebaut.« Da meint der Elektriker: »Unser Handwerk ist das älteste. Als Gott sprach ›Es werde Licht‹, hatten wir schon alle Leitungen verlegt.«

Ebenso scheint es Uneinigkeit darüber zu geben, wann menschliches Leben beginnt:

Drei Geistliche unterhalten sich darüber, ab welchem Zeitpunkt menschliches Leben beginnt.
»Das Leben beginnt mit der Zeugung«, beginnt der katholische Pfarrer.
Der evangelische Pfarrer ist anderer Meinung: »Nein, das Leben beginnt mit der Geburt.«
Als der Rabbi an der Reihe ist, schüttelt er nur den Kopf: »Ihr liegt beide falsch. Das Leben beginnt erst, wenn die Kinder aus dem Haus sind.«

Von wegen langweiliges Handbuch

Eine Frau kommt in einen Buchladen und möchte eine Bibel kaufen. Die Verkäuferin: »Wir haben eine Bibel, allerdings ist die uralt und ich weiß nicht, ob sie heute noch gültig ist.«

Die Bibel steckt voller spannender Geschichten. Man kann daraus viel für den eigenen Alltag lernen. Egal, wie gut Sie sich mit der Bibel oder Jesus auskennen, ich bin sicher, es gibt einige (nicht ganz ernst gemeinte) Fakten, die Sie überraschen werden.

Wer war der Erfinder des ersten Deos?
Jesus! Er brach das Brot und verteilte es unter den Armen.

Spielten Jesus und seine Jünger damals Fußball?
Ja, in der Bibel steht: »Jesus stand im Tor von Nazareth und seine Jünger standen abseits.«

Der erste Torhüter der Geschichte war Noah. Er bekam von Gott den Befehl, in den Kasten zu gehen, als er stürmen ließ.

Die Fußballschuhe von Jesus waren die ersten mit einem eigenständigen Namen: Christstollen.

Neben Fußball schien Jesus auch gerne Basketball zu spielen, denn er nahm das Brot und dunkte.

Zahnärzte werden ebenso bereits erwähnt. Arno Backhaus entdeckte den Zahnarzt-Psalm, Psalm 81,11: »Ich bin der Herr, dein Gott, der dich heraufgeführt hat aus Ägypten. Tu deinen Mund auf! Ich will ihn füllen.«[12]

---

12 Backhaus 2005, S. 45

Als Wahl-Offenbacher ist mir natürlich nicht entgangen, dass die Frankfurter Eintracht schon biblisch erwähnt wird: »Sieh doch, wie gut und schön es ist, wenn Brüder in Eintracht beisammen sind.« (Psalm 133,1)

Die Menschheit streitet sich neuerdings darüber, ob Jesus wirklich Zimmermann war oder ob er nicht einen anderen Beruf ausübte:

Es gibt drei Gründe, warum Jesus Student gewesen sein muss:

1. Er hatte lange Haare.
2. Er wohnte bei seinen Eltern.
3. Wenn er etwas getan hat, dann war es ein Wunder.

Auch seine Staatsangehörigkeit ist aus verständlichen Gründen umstritten:

Es gibt Gründe, die darauf hindeuten, dass Jesus womöglich Italiener gewesen sein könnte:

1. Nur ein Italiener zieht erst mit dreißig von zu Hause aus.
2. Nur eine italienische Mamma glaubt, dass ihr Sohn ein Herrgott ist.
3. Nur ein Italiener glaubt, dass seine Mamma noch Jungfrau ist.

An anderer Stelle gibt es sogar Hinweise darauf, dass Jesus eine Freundin hatte:

Als Jesus durch die Wüste ging, folgte ihm eine lange Dürre.

Je nach Art der Auslegung der Bibel behaupten böse Zungen, dass hier vor Heidi Klum gewarnt wird: »Eine große Dürre wird kommen, um das Land zu plagen ...«

In der Bibel steht, dass du am siebten Tag ruhen sollst. Wo aber steht dort bitte, dass du am achten Tag wieder arbeiten sollst?

Wenn man sich die Bibel auf seinen Kindle zieht, ist das dann ein Christkindle?

Laut Bibel regnete es während der Sintflut 40 Tage und Nächte und sie nannten es eine Katastrophe. In Norddeutschland nennt man es Sommer.

Die Bibel sollte immer als lebenserleichterndes Hilfsmittel verstanden werden. Wenn wir Spaß und Freude am Leben haben sollen, dann darf Gottes Wort nicht als moralistische Zwangslektüre verstanden werden. Die Frage ist also nicht, ob wir die Bibel lesen sollen oder nicht, sondern vielmehr: Wie können wir Freude an Gottes Wort entwickeln?

Am Ende dieses Kapitels sollten Sie nicht vergessen:

Egal wie jung Ihre Freunde sind, Jesu Freunde waren Jünger.

Die Zehn Gebote

»Ich habe gerade eine Bibel bei eBay eingestellt. Sie hat schon zehn Gebote.«

Die Zehn Gebote sind eine Art Leitfaden für menschliches Verhalten und ein moralischer Kompass für ein friedliches und harmonisches Zusammenleben. Sie sollen Orientierung geben und helfen, sich an erstrebenswerte Grundsätze zu halten (z. B. Respekt, Nächstenliebe, Treue, Ehrlichkeit, Gerechtigkeit, Hilfsbereitschaft, Aufrichtigkeit usw.), die richtigen Prioritäten im Leben zu setzen und gute Entscheidungen zu treffen. Einige sind sogar so gut, dass sie im Gesetz verankert sind. Würden sich alle Menschen daran halten, wäre die Welt friedlicher und wir Menschen glücklicher und zufriedener.

Technisch gesehen war Mose der erste Mensch mit einem Tablet, der Daten von einer Cloud heruntergeladen hat.

Übersicht der Zehn Gebote:

1. Gebot: Ich bin der Herr, dein Gott. Du sollst keine anderen Götter haben neben mir.

Vor über 2000 Jahren hörten die Menschen auf, Katzen als Götter anzubeten. Leider hat man damals wohl versäumt, dies den Katzen mitzuteilen.

2. Gebot: Du sollst den Namen des Herrn, deines Gottes, nicht missbrauchen.

Ein Junge prahlt: »Mein Opa ist Pastor, alle sagen Hochwürden zu ihm.«
Ein anderer Junge daraufhin: »Mein Opa ist Kardinal, alle sagen Eminenz zu ihm.«
Da sagt Franz: »Mein Opa wiegt 200 Kilo und wenn der auf die Straße geht, sagen alle: ›Allmächtiger Gott‹!«

3. Gebot: Du sollst den Feiertag heiligen.

Wladimir Putin geht zu einer Wahrsagerin und fragt: »Sagen Sie mir, wann werde ich sterben?« Die Wahrsagerin antwortet: »An einem Feiertag.«
Putin erkundigt sich weiter: »Sagen Sie mir bitte, an welchem Feiertag?« Daraufhin die Wahrsagerin: »Ganz egal, wenn Sie sterben, ist es auf jeden Fall ein Feiertag.«

4. Gebot: Du sollst deinen Vater und deine Mutter ehren.

Liebe Kinder, lasst euch von euren Eltern nichts einreden. Ich habe Harry Potter jetzt über zehnmal gelesen und »Bitte« ist gar kein Zauberwort.

5. Gebot: Du sollst nicht töten.

Eine Religionslehrerin diskutiert mit ihren siebenjährigen Schülerinnen und Schülern über die Zehn Gebote. Nachdem sie das Gebot »Du sollst Vater und Mutter ehren« erklärt hat, fragt sie: »Gibt es auch ein Gebot, wie wir mit unseren Brüdern und Schwestern umgehen sollen?« Ohne mit der Wimper zu zucken, meldet sich Felix: »Du sollst nicht töten.«

6. Gebot: Du sollst nicht ehebrechen.

Mose kommt vom Berg Sinai herab, um dem wartenden Volk Israel Gottes Botschaft zu verkünden.
Mose: »Also Leute, es gibt eine gute und eine schlechte Nachricht. Welche zuerst?«
Volk Israel: »Die gute!«
Mose: »Ich konnte ihn auf zehn Gebote herunterhandeln.«
Volk Israel: »Und was ist jetzt die schlechte?«
Mose: »Ehebruch ist immer noch dabei!«

In der Gemeinde predigt der Pastor heute über die Zehn Gebote. Als er beim Gebot »Du sollst nicht stehlen« ankommt, beobachtet er, wie plötzlich ein männliches Gemeindemitglied zusammenzuckt und beginnt, misstrauisch seine Sitznachbarn zu mustern. Der Pastor fährt fort, und als er zum Gebot »Du sollst nicht ehebrechen« kommt, lehnt sich der Mann auf einmal wieder entspannt zurück und lächelt.
Den Pastor hat die Neugierde gepackt. Er geht nach dem Gottesdienst direkt zu dem Mann und erkundigt sich nach dieser Verhaltensauffälligkeit. Darauf der Mann: »Herr Pastor, das ist ganz einfach. Als Sie vom Gebot ›Du sollt nicht stehlen‹ sprachen, fiel mir plötzlich auf, dass mein Regenschirm verschwunden ist. Und als Sie dann zu ›Du sollst nicht ehe-

brechen‹ kamen, wusste ich wieder, wo ich ihn vergessen hatte.«

7. Gebot: Du sollst nicht stehlen.

Die Mutter schimpft ihren Sohn, als sie ihn beim Klauen erwischt.
»Junge, in der Bibel steht, du sollst nicht stehlen. Hier hast du meine Bibel, lies es nach.«
Der Junge erwidert: »Das habe ich schon, in der Bibel steht: ›Eigentum der Kirche St. Pankratius‹.«

8. Gebot: Du sollst nicht falsch Zeugnis reden wider deinen Nächsten.

Ein Pfarrer beobachtet zwei Jungen, die auf der Straße heftig diskutieren. Er geht zu ihnen und erkundigt sich, was denn los sei. »Wir haben hier gerade ein Zwei-Euro-Stück gefunden«, erklärt der eine, »und jetzt diskutieren wir, wer von uns beiden es bekommt.«
»Und – seid ihr schon zu einer Lösung gekommen?«
»Ja«, antwortet der andere Junge, »das Geld hat sich derjenige von uns verdient, der am besten lügen kann.«
Der Pfarrer ist entsetzt: »Aber kennt ihr nicht die Gebote Gottes? Lügen ist streng verboten! Ich selbst habe mein ganzes Leben nie gelogen, sondern immer die Wahrheit gesagt!«
Die beiden Jungen sehen einander nachdenklich an und schließlich sagt der eine zum anderen: »Okay, er hat gewonnen – gib dem Herrn Pfarrer das Geld!«

Ein frommer Mann kommt aus den Niederlanden zurück und hat zwei Pfund Kaffee mitgebracht. An der Grenze packt ihn das schlechte Gewissen. Lügen will und darf er nicht, das steht ja in den Zehn Geboten. Er überlegt kurz und klemmt sich dann je ein Päckchen unter die Arme. Bei der Kontrolle fragt ihn der Zollbeamte: »Mein Herr, haben Sie in Holland etwas eingekauft?« – »Ja,«, erwidert er ehrlich, »zwei Pfund Kaffee. Aber ich habe sie unter den Armen verteilt.«

9. Gebot: Du sollst nicht begehren deines Nächsten Haus.

Wie an jedem Montag treffen sich Fritz und Manni, um sich über ihre Erlebnisse am Wochenende auszutauschen. Manni beginnt sofort aufgeregt zu erzählen: »Also, ich war am Wochenende auf einer sensationellen Party. Die war wirklich der Oberhammer! Die Gastgeber waren so reich, die hatten sogar ein Klo aus purem Gold!«
Fritz schüttelt ungläubig den Kopf: »Du spinnst doch, ein goldenes Klo ...«
Nachdem Manni nicht von seiner Behauptung abweicht, schlägt ihm Fritz vor, dass beide gemeinsam zu dem Haus hingehen könnten, um sich davon zu überzeugen. Wenige Zeit später laufen die beiden los. Nach einer Viertelstunde kommen sie bei besagtem Haus an und klingeln. Eine ältere Frau öffnet und schaut die beiden fragend an: »Wer sind Sie und wie kann ich Ihnen helfen?«
Manni: »Mein Name ist Manni, gnädige Frau. Ich war am Wochenende auf Ihrer Party. Mein Freund Fritz hier will mir nicht glauben, dass Sie im Haus ein Klo aus purem Gold haben.«

Die Frau schaut die beiden an, dreht sich in den Hausflur um und ruft: »Karl-Heinz, hier an der Tür ist das Schwein, das in deine Posaune gekackt hat!«

10. Gebot: Du sollst nicht begehren deines Nächsten Weib, Knecht, Magd, Vieh noch alles, was dein Nächster hat.

Hans und Peter unterhalten sich.
Hans: »Also mein Vater ist echt ein riesengroßer Angsthase!«
Peter: »Warum das denn?«
Hans: »Immer, wenn meine Mama nicht da ist, schläft er bei unserer Nachbarin.«

»Was ist die Folge, wenn jemand eines der Zehn Gebote bricht?«, fragt der Religionslehrer.
»Ganz einfach«, antwortet der kleine Franz sofort, »dann gibt es nur noch neun!«

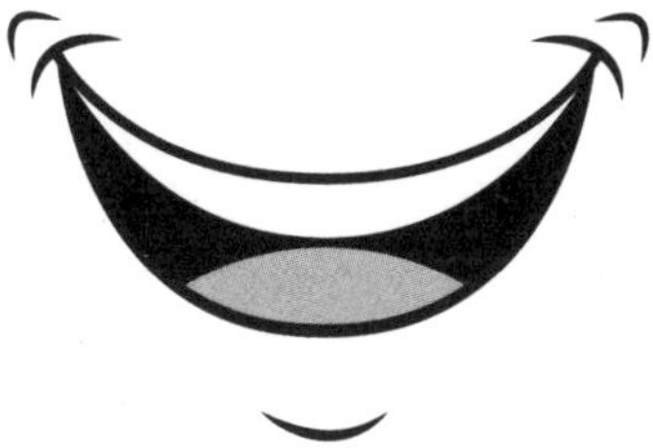

DAS CHRISTLICHE KURIOSITÄTENKABINETT

Von Autos und Hamburgern - oder: Wie wird man ein echter Christ?

Gibt es überhaupt einen Unterschied zwischen »Christen« und »echten Christen«? Ich glaube, dass es nicht nur Sonntagsfahrer, sondern auch Sonntagschristen gibt. Menschen, die sechs Tage in der Woche völlig ohne Gott leben – okay, vielleicht ab und zu aus Gewohnheit ein Tischgebet sprechen –, aber sich am Sonntag in der Kirche fein herausgeputzt vorzeigen und möglicherweise am lautesten in den Gesang mit einstimmen. Albert Schweizer hat einmal gesagt: »Wer glaubt, ein Christ zu sein, weil er die Kirche besucht, irrt sich. Man wird ja auch nicht zum Auto, wenn man in eine Garage geht.« Ähnlich sah es der amerikanische Gospelmusiker Keith Green in seinem Lied »Jesus Commands us to Go«. Darin schrieb er: »But goin' to church doesn't make you a Christian anymore than going to McDonald's makes you a hamburger.« Charles Haddon Spurgeon bemerkte: »Einige Leute denken, mit einem sauren Gesicht und einem dunklen Kleid drücken sie am besten ihre Frömmigkeit aus. Sie wagen es nicht zu lachen, um nicht für ungeistlich gehalten zu werden.«[13]

Ein Mann und ein Pfarrer unterhalten sich. »Welche Sünden sollte ich denn zu beichten haben, Herr Pfarrer? Täglich bete ich zu Gott, ich lese jeden Abend in der Bibel, von Montag bis Freitag gehe ich immer pünktlich zur Arbeit, ich trinke keinen Alkohol, ich gehe sehr früh ins Bett und besuche jeden Sonntag den Gottesdienst.«
»Ja, aber das wird wohl leider nicht so bleiben, mein Sohn. Sobald du hier wieder draußen bist, …«, befürchtet der Gefängnispfarrer.

Wenn wir uns bewusst für ein Leben mit Gott an unserer Seite entscheiden, dann gibt es einige Dinge, die uns dabei helfen können. Das Wichtigste scheint mir die Freiwilligkeit und die Freude daran zu sein. Sobald es als Zwang empfunden wird, stimmt etwas nicht.

Beten

Das Gebet hat eine kontemplative Funktion. Wir können vor Gott zur Ruhe kommen, müssen Dinge nicht mit uns selbst ausmachen und können sie Gott anvertrauen. Die Aufmerksamkeit kann bewusst auf den Augenblick gerichtet werden.

---

13 Spurgeon 1985, S. 50

Ein Pfarrer erfüllt sich seinen größten Traum und begibt sich auf eine Urlaubsreise. Bei einer Expedition in die Wildnis Afrikas wird er plötzlich von einem Rudel Löwen umzingelt. Es scheint kein Entkommen für ihn zu geben. Da fällt er auf seine Knie, schließt die Augen und betet: »Oh Herr, bitte verschone mich und gib mir ein Zeichen deiner Gnade! Befiehl diesen Löwen, sich wie echte Christen zu verhalten!« Als er wieder aufblickt, sitzen die Löwen im Kreis um ihn herum, haben die Pfoten gefaltet und beten: »Komm, Herr Jesus, sei unser Gast und segne, was du uns bescheret hast.«

Bibel lesen

Wenn wir Gottes Wort lesen, können wir uns bewusst auf Gott konzentrieren. So kann es uns gelingen, die richtigen Prioritäten für die wirklich wichtigen Dinge im Leben zu finden und zu setzen. Mit Humor kann eine andere Perspektive auf die Heilsgeschichte Gottes mit uns Menschen geworfen werden.

Der Pfarrer möchte vom kleinen Hans wissen: »Wer hat die Mauern von Jericho zerstört?« – Hans antwortet tapfer: »Ich weiß es nicht, aber ich war es auf keinen Fall!« Der Pfarrer ist empört und ruft zu Hause den Vater von Hans an. Als er ihm das erzählt, sagt dieser: »Der Hansi ist sicherlich kein Engel, aber wenn er sagt, er war es nicht, dann stimmt das auch!« Jetzt reicht es dem Pfarrer, er zitiert den kleinen Hans und seinen Vater zum Direktor und erzählt dort, dass ihm keiner der beiden sagen konnte, wer die Mauern von Jericho zerstört hätte! Daraufhin der Direktor genervt: »Ich weiß nicht, warum

Sie sich so aufregen! Wir holen uns einfach einen Kostenvoranschlag und reparieren diese blöde Mauer, dann hat sich das Problem erledigt, oder?«

Hein Hansen aus Friesland kommt mit einer Fünf im Religionstest nach Hause. Der Vater ist entrüstet und geht am nächsten Tag in die Schule. Er fragt den Religionslehrer nach dem Grund für die schlechte Note.
Daraufhin der Lehrer: »Sehen Sie mal, Herr Hansen, Ihr Sohn wusste nicht einmal, dass Jesus gestorben ist.«
Vater: »Mann, wir wohnen hinterm Deich, ohne Fernseher. Ich wusste nicht mal, dass er krank war!«

Gemeinschaft mit anderen Christen

Unser Glaubensleben mit anderen Christinnen und Christen zu teilen, kann helfen, den eigenen Glauben zu stärken und sich gegenseitig zu ermutigen und zu stützen. Schon in der Bibel lesen wir, dass Gott mitten unter uns ist, wenn wir uns in seinem Namen versammeln (Matthäus 18,20).

Auf einem Markt kommen ein Seifenverkäufer und ein Pfarrer ins Gespräch. Der Seifenverkäufer, der wenig vom christlichen Glauben hält, führt an: »Also, das Christentum hat überhaupt nichts erreicht. Seit über 2000 Jahren wird es gepredigt, aber die Welt hat sich nicht wirklich verändert. Die Menschen gehen nicht gut miteinander um, es gibt doch täglich Lügen, Betrug, Morde, Kriege und was weiß ich nicht noch alles.«

Der Pfarrer nickt zustimmend und sagt: »Ja, da muss ich Ihnen leider recht geben. Aber schauen Sie sich doch einmal die Kinder da drüben an. Sehen Sie, wie schmutzig sie sind? Ihre Seife hat also auch nichts erreicht. Es gibt immer noch Schmutz und schmutzige Kinder auf dieser Welt.«
Der Verkäufer entgegnet: »Seife nutzt natürlich nur etwas, wenn man sie benutzt.«
Daraufhin der Pfarrer: »Sie haben es erkannt, und genauso ist es mit dem christlichen Glauben.«

Traditionen

Ein Rabbi und ein katholischer Priester sitzen auf einer Feier gemeinsam an einem Tisch. Nachdem sie sich lange angeschwiegen haben, platzt es aus dem Priester heraus: »Rabbi, ich verstehe eines nicht. Wenn bei euch im Judentum die Beschneidung so wichtig ist, warum werden dann nicht alle männlichen Judenbabys beschnitten geboren?«
Daraufhin entgegnet der Rabbi: »Eigentlich müssten Sie das doch sehr gut verstehen können. Wenn Sie enthaltsam leben müssen, warum wurden Sie denn dann nicht als Eunuch geboren?«

Im Christentum gibt es viele Kuriositäten, die für Nichtgläubige oder Andersdenkende oft schwer verständlich sind. Da der Mensch bekanntlich ein Gewohnheitstier ist (»Das haben wir schon immer so gemacht!«), wurden viele Traditionen (Handlungsmuster, Überzeugungen, Glaubenssätze) über viele Jahre hinweg weitergegeben, ohne sie auf ihre Gültigkeit, ihren Sinn und ihren Nutzen hin zu hinterfragen.

Wie in jedem Jahr hat sich eine fromme Familie zum Weihnachtsfest versammelt. Die Mutter steht in der Küche und bereitet den traditionellen Putenbraten vor. Dabei schneidet sie von der Pute das hintere, schmackhafte Stück zunächst ab und legt es zum Braten dazu. Ihre Tochter sieht ihr aufmerksam zu und erkundigt sich, weshalb sie das gute Stück wegschneidet und zum Braten dazulegt. Daraufhin die Mutter: »Mein Kind, das ist eine alte Familientradition, meine Mutter hat mir das so beigebracht; warum, weiß ich eigentlich auch nicht so genau. Am besten fragst du mal deine Großmutter.« Die Tochter läuft ins Wohnzimmer, wo ihre Oma auf einem Sessel sitzt und strickt. »Oma, sag mal, was hat es denn mit dem Abschneiden des hinteren Putenteils auf sich? Mama meint, es wäre eine lange Familientradition.« Die Oma runzelt die Stirn: »Also, meine Mutter hat es mir so beigebracht, aber ich habe mich nie gefragt, was es damit auf sich hat. Aber lass uns doch gleich mal die Uroma fragen.« Gemeinsam gehen sie zur Uroma und fragen: »Warum hast du an Weihnachten eigentlich immer das Hinterteil der Pute abgeschnitten, bevor du den Braten in den Ofen geschoben hast?« Die Uroma schmunzelt: »Wisst ihr, wir hatten damals nur einen sehr kleinen Backofen und nachdem die Puten für den Weihnachtsbraten meist sehr groß waren, musste ich das Hinterteil abschneiden, damit sie in den Ofen gepasst haben.«

Es gibt Traditionen, die schön, sinnvoll und nützlich sind. Sie können Struktur, Halt und Orientierung geben, vor allem durch eine gewisse Regelmäßigkeit. Es gibt aber auch Traditionen, die kritisch hinterfragt und auf ihre Gültigkeit, ihren Sinn, Zweck und Nutzen hin überprüft werden sollten. Die Pflege einer Tradition um ihrer selbst willen erscheint heute äußerst fragwürdig. Galt es beispielsweise früher noch als Tradition, seine Kinder bei der Erziehung oder bei Fehlverhalten zu schlagen oder als Lehrer seine Schüler mit dem Rohrstock zu züchtigen, so ist dies seit 2001 im Bürgerlichen Gesetzbuch (BGB) in § 1631 unter Strafe gestellt.

Traditionen müssen daher regelmäßig kritisch hinterfragt und gegebenenfalls verändert oder abgeschafft werden. Ein unreflektiertes »Weiter so!« darf es nicht geben.

Laut jüdischer Tradition ist es am Sabbat verboten zu arbeiten. Als ein strenggläubiger Jude seinen Nachbarn und dessen Frau zum Essen einlädt, kommen sie auf dieses Thema zu sprechen. Daraufhin berichtet der jüdische Mann, seine Eltern hätten ihn gelehrt, dass auch der Beischlaf als Arbeit gelte. Das Nachbarspaar schaut sich ungläubig an und ist hier anderer Meinung. Dies verunsichert den gläubigen Juden. Um diese Frage zu klären, beschließt er, einen katholischen Priester aufzusuchen, um ihm seine Frage zu stellen. Der Priester, für den sowieso alles, was mit Sexualität zu tun hat, Teufelszeug ist, erklärt ihm, dass der Beischlaf am Sabbat selbstverständlich verboten sei. Der Mann bedankt sich freundlich für die Antwort und denkt bei sich: »Was weiß denn schon ein katholischer Priester in solchen Sachen?!«

> Er beschließt deshalb, einen evangelischen Pfarrer um Rat zu fragen. Dieser ist schließlich verheiratet und kennt sich mit solchen Dingen besser aus. Zu seinem Leidwesen erhält er vom evangelischen Pfarrer allerdings die gleiche Antwort. Sex sei Arbeit und am Sabbat für ihn als gläubigen Juden verboten. Enttäuscht wendet er sich schließlich an seinen Rabbi, um ihm die gleiche Frage zu stellen. Der Rabbi überlegt kurz und spricht anschließend: »Das muss ich klären. Komm doch bitte morgen wieder und ich werde die richtige Antwort für dich haben.« Am nächsten Tag sucht der Mann erneut den Rabbi auf. »Und, wie lautet deine Antwort auf meine Frage?«, möchte der Mann nun vom Rabbi wissen. Daraufhin der Rabbi: »Ich habe die Frage geklärt. Du darfst am Sabbat mit deiner Frau schlafen, denn Sex ist keine Arbeit. Wenn es nämlich Arbeit wäre, dann würde es meine Frau unser Dienstmädchen machen lassen.«

Auch über bestimmte traditionelle Kleidungsgewohnheiten wie z. B. das Tragen von Röcken oder die Länge der Röcke (das Knie sollte immer bedeckt sein) können viele Menschen des 21. Jahrhunderts nur den Kopf schütteln. Oft wird hier auf Deuteronomium 22,5 verwiesen, wo es heißt, dass Frauen keine Männerkleider tragen sollen und umgekehrt Männer keine Frauenkleider. Diese Bibelstelle steht – wer hätte es gedacht – natürlich auch wieder im Alten Testament, jenem Teil der Bibel, in welchem Polygamie nicht unüblich war (1. Mose 4,19; 1. Samuel 1,2).

Der Religionslehrer fragt Fritzchen: »Was ist das Gegenteil von Polygamie?«
Darauf dieser: »Monotonie.«

Bevor ich jetzt vorschnell mit »Aber Jesus hat uns durch seinen Tod am Kreuz davon befreit« abwinke, muss ich sagen, dass es im Neuen Testament ähnliche Ansichten gibt. Der enthaltsame, männliche Hardliner Paulus schreibt im 1. Timotheusbrief Kapitel 2, Vers 9, dass Frauen sich in anständiger, sittlicher Kleidung zeigen sollen. Sie sollen keine aufwendigen Frisuren oder Schmuck tragen. In seinem Brief an die Korinther schreibt er, dass eine Frau, die im Gottesdienst ihr Haupt beim Gebet nicht bedeckt, sich gleich das Haar abschneiden soll. Und weil ein geschorenes Haupt die Frau entehren würde, soll sie lieber ihr Haupt bedecken (1. Korinther 11,1-7).

Hätte jede Gemeinde das als Gesetz, müssten die Kirchen wohl über noch mehr Austritte klagen. Wie bei vielen Dingen im Leben macht es Sinn, den Text in den jeweiligen zeitlichen Kontext zu stellen. So ist es heute selbstverständlich, dass Frauen (und auch Männer) sich hübsch machen dürfen, wenn sie es wollen. Ebenso gehört es zur Selbstverständlichkeit, dass Frauen ihr Haar nicht mehr hinter einem Schleier verbergen müssen, wenn sie im Gottesdienst beten und – auch wenn es manchen konservativ geprägten Christen schockieren mag – dass Frauen im Gottesdienst predigen dürfen.

Auf einer Geburtstagsfeier sitzt ein Pfarrer neben einer Frau mit überdimensional großem Ausschnitt. Als diese sich zum Nachtisch einen Apfel greift, weist sie der Pfarrer auf Folgendes hin: »Meine liebe Dame, seien Sie bitte vorsichtig und denken Sie an Eva und das Paradies.« Die Frau lächelt: »Machen Sie sich keine Sorge, ich hatte nicht vor, Sie zu verführen, sondern möchte den Apfel selbst essen.« Daraufhin der Pfarrer: »Genau das meine ich ja. Als Eva in den Apfel gebissen hatte, merkte sie, dass sie nackt war.«

Manchmal (nicht immer!) steckt hinter einem auffälligen oder provokanten Kleidungsstil oder einer plötzlichen optischen Veränderung des Aussehens jedoch etwas anderes. Wenn damit etwas überdeckt werden, d. h. von einem vorherrschenden Problem oder einer Angst abgelenkt werden soll (z. B. ein geringes Selbstwertgefühl oder die Sorge, nicht dazuzugehören), könnte dies durchaus hinterfragt werden. Es könnte darüber nachgedacht werden, was die eigene Person ausmacht und wie das Selbstwertgefühl anders gefördert werden könnte. Für viele Menschen kann die Beschäftigung mit dem eigenen Aussehen aber auch etwas Erfreuliches und Heilsames sein. Deshalb sei an dieser Stelle darauf hingewiesen, dass es zwischen Schwarz und Weiß immer eine große Farbpalette gibt.

In der Bibel lesen wir, dass wir unseren Nächsten lieben sollen wie uns selbst (Matthäus 22,37-39). Neben der Nächstenliebe geht es also um die Selbstliebe. Gott hat uns alle als wunderbare Unikate geschaffen und er liebt jeden Einzelnen von uns. Vielleicht sollten wir öfter in den Spiegel schauen und lächeln. Ich kann Ihnen versprechen: Der Mensch, den Sie dann erblicken, lächelt zurück. Machen Sie doch ein morgendliches Ritual daraus.

Genauso heilsam kann es übrigens sein, nach dem Aufstehen in den Spiegel zu schauen und der Person, die man dort sieht, zu sagen, dass sie ein wunderbarer und von Gott geliebter Mensch ist – auch wenn ihr vielleicht die Haare zu Berge stehen.

Apropos Haare: Wenn Sie sich wie ich schon immer gefragt haben, wie die Mönche zu ihren Frisuren gekommen sind, dann habe ich hier eine passende Antwort:

In seiner Predigt am Pfingstfest schildert Pfarrer Krause, wie der Heilige Geist sich als feurige Zunge auf den Köpfen der Apostel niederließ. Da flüstert Hans dem Emil zu: »Jetzt weiß ich, warum die Mönche Tonsuren tragen.«

Gott und der Psychiater

Kommt ein Mann zum Psychiater.
Psychiater: »Wie kann ich Ihnen helfen?«
Der Mann erklärt: »Ich spreche zu Gott.«
Psychiater: »Das nennt man beten.«
Daraufhin der Mann: »Gott spricht aber auch zu mir.«
Psychiater: »Das nennt man Psychose und das lässt sich behandeln.«

Stimmenhören ist ein menschliches Phänomen, das nicht pauschal als gesund oder krank bezeichnet werden kann – auch nicht in der Psychiatrie. Es muss immer im jeweiligen situativen, biografischen, kulturellen und religiösen Kontext gesehen werden.

Herr Alfons ist verzweifelt und mit seinem Latein am Ende. So beschließt er, den Pfarrer im Ort aufzusuchen. Die beiden setzen sich an einen Tisch und beginnen ein Gespräch.
Pfarrer: »Was führt Sie denn zu mir?«
Herr Alfons: »Herr Pfarrer, den ganzen Tag lang höre ich eine Stimme. Sagen Sie, bin ich besessen?«
Der Pfarrer lächelt und antwortet: »Nein, Sie sind nicht besessen, das ist völlig normal. Sie sind verheiratet.«

Als Christen glauben wir, dass Gott auf vielfältige Weise zu und mit uns Menschen sprechen kann. Eine spannende Frage ist dabei, inwieweit unser Gewissen als Stimme Gottes gedeutet werden kann. Der katholische Theologe Josef Dirnbeck ist der Meinung, dass das Gewissen die Stimme Gottes ist und wir seine Stimme nirgendwo sonst so deutlich hören können.[14]

Nach meiner Ausbildung zum Gesundheits- und Krankenpfleger vor vielen Jahren wollte ich als heimatverbundener Mittelfranke eigentlich dort verwurzelt bleiben. In der psychiatrischen Klinik, in der ich damals während meiner Ausbildung meinen Einsatz in der Psychiatrie absolvierte,

---

14 Dirnbeck 2016, S. 52

sagte man mir, wenn ich mich dort bewerben würde, könnte man mich sicher irgendwo unterbringen. Also habe ich mich dort beworben. Plötzlich meldete sich mein Gewissen zu Wort und gab mir unmissverständlich zu verstehen, dass ich einen Arbeitgeber wollte, der mit meinen christlichen Werten übereinstimmt. Um mein Gewissen zu beruhigen, bewarb ich mich kurzerhand bei der DGD Klinik Hohe Mark, die neben ihrer fachlichen Kompetenz auch für ihre christlichen Werte bekannt ist. In der Zwischenzeit hatte ich die Rückmeldung der wohnortnahen Psychiatrie, dass sie mir einen Zweijahresvertrag anbieten wollen. Als ich den Vertrag unterschreiben wollte, klingelte plötzlich das Telefon und der Pflegedienstleiter der Akutpsychiatrie der DGD Klinik Hohe Mark teilte mir am Telefon mit, dass er mich gerne unbefristet einstellen würde. Ohne Vorstellungsgespräch vor Ort, übers Telefon. Ich könne auch anfangs ein Zimmer im Personalwohnheim beziehen, damit ich keinen Stress mit der Wohnungssuche hätte. So kam ich damals in die Hohe Mark, wo ich bis heute meine Arbeit nicht nur als Beruf, sondern genauso als Berufung sehe.

Eine Frage bleibt: War es wirklich nur das Gewissen oder die Stimme Gottes? Oder war es die Stimme Gottes, die durch mein Gewissen gesprochen hat?

Ich möchte noch eine Erfahrung aus meinem Leben mit Ihnen teilen, die mit dem Hören auf Gottes Stimme zu tun hat. Als meine Frau und ich einige Jahre verheiratet waren, spielten wir mit dem Gedanken, uns ein eigenes Haus zu suchen. Bei den Preisen in und um Frankfurt am Main war schnell klar, dass es wohl nur eine kleine Eigentumswohnung werden würde. Zu dieser Zeit las meine Frau das Buch »Ich muss verrückt sein, so zu leben« von Shane Claiborne, einem Amerikaner, der unter anderem einige Zeit bei Mutter Teresa in Kalkutta verbracht hatte. Plötzlich hörte sie die Stimme Gottes, die ihr sagte: »Zieht ins Getto.« Sie rief mich an und fragte, ob ich damit etwas anfangen könne. Ich war völlig perplex, denn wir waren gerade auf der Suche nach einem Haus. Sollten wir jetzt wirklich ins Getto gehen? Plötzlich fiel mir ein, dass von Frankfurtern Offenbach gerne als Getto bezeichnet wird. Ich suchte daraufhin im Internet auf einem Immobilienportal nach Wohnungen in Offenbach und mir wurden plötzlich (wohlgemerkt: zur damaligen Zeit, heute hat sich das leider geändert) bezahlbare Häuser angezeigt. Ich rief meine Frau an und erzählte ihr davon. Kurze Zeit später war klar, dass wir ein Haus in Offenbach kaufen würden, wo wir bis heute glücklich und zufrieden leben und von Gott gebraucht werden, um Kirche für Menschen zu sein, die ihn nicht kennen. Ohne den Ruf Gottes wären wir wohl nicht auf die Idee gekommen, in Offenbach zu suchen, denn wir kannten Offenbach nur durch die Klischees und Vorurteile, die (an vielen Stellen zu Unrecht) verbreitet sind.

Vom jüdischen Religionsphilosophen Martin Buber stammt der Satz: »Alle Menschen haben einen Zugang zu Gott, aber jeder einen anderen.«

Zugangswege zu Gott können äußerst vielfältig sein:[15]

---

15 vgl. Hybels 2002; Thomas 2015

- beziehungsorientiert (der Weg über Beziehungen und Gemeinschaft)
- intellektuell (der Weg über den Verstand)
- dienend (der Weg über unser Tun/Fürsorge/Nächstenliebe)
- kontemplativ (der Weg der Meditation)
- aktivistisch (der Weg der Aktion)
- schöpfungsorientiert (der Weg über die Schöpfung)
- musikalisch (der Weg über die Musik)
- sinnlich (der Weg über Sinneserfahrungen)
- asketisch (der Weg über die Einfachheit und Schlichtheit)
- traditionalistisch (der Weg über Rituale, überlieferte Formen und Traditionen)

Hier wird deutlich, dass es nicht nur den einen Weg gibt, sondern verschiedene Möglichkeiten, so wie es verschiedene Menschen/Christen gibt.

Humor kann den Horizont erweitern und schafft Offenheit, neue Wege zu Gott auszuprobieren. Wenn Sie Gott in Ihrem Leben noch nicht so erfahren haben, wie Sie es sich wünschen, liegt das nicht unbedingt an Gott, denn er hat verschiedene Wege geschaffen, wie wir ihm begegnen können. Vielleicht haben Sie nur den für Sie passenden Weg noch nicht gefunden. Ich bin sicher, dass Gott auch zu Ihnen spricht. Die Frage ist nur, auf welche Weise er das tut. Vielleicht durch Menschen, Freunde oder Bekannte, vielleicht durch Musik, vielleicht durch die Natur oder vielleicht im Gebet? Machen Sie sich auf die Suche, wie Sie Gott begegnen können, und achten Sie in Ihrem Alltag darauf, in welchen

Situationen Gott vielleicht schon zu Ihnen spricht, ohne dass Sie es als solches wahrnehmen. Nicht, dass es Ihnen so ergeht wie dem Mann in der folgenden kleinen Geschichte:

> Eine große Flutkatastrophe suchte einmal eine kleine Stadt heim. Das Wasser stieg unaufhaltsam und die Menschen flohen aus ihren Häusern und versuchten, sich zu retten. Ein sehr frommer Mann kletterte auf das Dach seines Hauses. Als die Feuerwehr vorbeikam, um ihn mitzunehmen, rief er: »Vielen Dank, aber fahrt ruhig weiter. Gott wird mich schon retten.« Als das Wasser weiterstieg, wurde ein Rettungsboot losgeschickt, um nach Überlebenden zu suchen. Als das Boot bei dem Mann ankam, winkte dieser nur ab und sagte: »Ihr könnt weiterfahren. Gott wird mich retten!« Das Wasser erreichte schließlich die Hausdächer und es wurde beschlossen, einen Hubschrauber zu schicken, um den Mann zu holen. Als der Hubschrauber auf das Haus zuflog, winkte der Mann erneut ab und rief: »Ihr müsst euch keine Sorgen machen, Gott wird mich schon retten!« Das Wasser stieg weiter und der Mann ertrank. Als er in den Himmel kam, klagte er Gott sein Leid: »Warum hast du mich denn nicht gerettet? Ich war doch immer ein absoluter Vorzeigechrist und habe allen Menschen von meinem Glauben an dich erzählt. Jetzt habe ich mich doch vollkommen lächerlich gemacht.« Gott sah ihn verwundert an und sagte: »Ich hatte dir doch die Feuerwehr, ein Boot und einen Hubschrauber zukommen lassen.«

In einer ähnlichen Situation befindet sich augenscheinlich ein anderer Mann:

Ein Mann betritt die Kirche und setzt sich allein in eine Kirchenbank. Er richtet den Blick nach oben und fängt an zu beten: »Herr, wir sind doch zu zweit. Warum ist es dann so, dass immer nur ich rede?« Daraufhin vernimmt er die Stimme Gottes: »Vielleicht, weil von uns beiden nur ich zuhöre.«

Darum: Augen, Ohren und Herz offen halten für Gottes Reden.

Das alkoholische Wunder

Dem Titel nach beinhaltet dieses Kapitel zwei unterschiedliche Themen: Alkohol und Wunder. Beginnen wir mit dem ersten.

Wie bei vielen Themen gibt es hierzu in christlichen Kreisen unterschiedliche Meinungen. Wenn wir die Bibel genauer betrachten, stellen wir fest, dass es dort kein generelles Alkoholverbot gibt. Im Gegenteil: An einigen Stellen wird er in bestimmten Zusammenhängen sogar positiv hervorgehoben:

> *»Gras lässt er hervorsprießen für das Vieh und allerlei Pflanzen für den Bedarf des Menschen, damit dieser aus dem Schoß der Erde sein tägliches Brot gewinnt. Er schenkt Wein, der das Herz des Menschen erfreut, Öl, mit dem er sein Gesicht pflegt, und Brot, das sein Herz stärkt.«*
> (Psalm 104,14-15)

»Der HERR der Heerscharen wird auf diesem Berg für alle Völker ein Festmahl geben mit den feinsten Speisen, ein Gelage mit erlesenen Weinen, mit den feinsten, fetten Speisen, mit erlesenen, reinen Weinen.«
(Jesaja 25,6)

»Trink nicht länger nur reines Wasser. Du bist so oft krank, und da würde etwas Wein dazu deinem Magen guttun.«
(1. Timotheus 5,23)

»So spricht der HERR: ›Solange in Trauben auch nur ein bisschen Saft ist‹, sagt man: ›Wirf sie nicht weg, da ist noch etwas Gutes drin.‹«
(Jesaja 65,8)

»Also: Iss dein Brot mit Freude, und trink deinen Wein mit frohem Herzen! Denn schon längst hat Gott Gefallen an deinem Tun.«
(Prediger 9,7)

»An jenem Tag wird Gott sagen: ›Einen prächtigen Weinberg habe ich. Kommt, singt ein Lied zu seiner Ehre‹!«
(Jesaja 27,2)

Es finden sich allerdings auch Stellen, die den Alkoholkonsum verurteilen oder davor warnen:

»Der Wein macht zum Großmaul und das Bier zum Krakeeler; wer sich ständig betrinkt, wird niemals weise.«
(Sprüche 20,1)

»Und betrinkt euch nicht, denn das führt zu einem zügellosen und verschwenderischen Leben, sondern lasst euch vom Geist Gottes erfüllen!«
(Epheser 5,18)

»Wehe denen, die schon früh am Morgen losziehen, um sich zu betrinken. Bis spät in die Nacht bleiben sie sitzen und lassen sich mit Wein volllaufen.«
(Jesaja 5,11)

»Lass dich nicht mit Menschen ein, die sich mit Wein betrinken oder sich voll fressen, denn sie sind auf dem sicheren Weg in die Armut.«
(Sprüche 23,20-21)

»Ihr habt ja in der Vergangenheit lange genug das getan, wonach Menschen der Sinn steht, die Gott nicht kennen. Ausschweifungen gehörten dazu, das Ausleben eurer Begierden, Alkoholexzesse, Schlemmen und Saufen und abstoßender Götzendienst.«
(1. Petrus 4,3)

»Gebt Bier denen, die am Umkommen sind, und Wein den betrübten Seelen, dass sie trinken und ihres Elends vergessen und ihres Unglücks nicht mehr gedenken.«
(Sprüche 31,6-7)

»Er wird große Bedeutung vor Gott erlangen. Wein und andere berauschende Getränke wird er nicht trinken. Schon im Leib seiner Mutter wird er vom heiligen Gottesgeist erfüllt sein.«
(Lukas 1,15)

»Kommt endlich zu euch, ihr Betrunkenen! Jammert und weint, ihr fröhlichen Zecher, denn mit dem Weintrinken ist es nun vorbei!«
(Joel 1,5)

»Wehe denen, die Helden sind im Weintrinken und Kraftprotze im Mischen von Rauschtrank, die dem Schuldigen gegen Bestechung Recht zusprechen und Gerechten die Gerechtigkeit vorenthalten. Darum: Wie des Feuers Zunge Stoppeln frisst und wie Heu in der Flamme zusammensinkt, so wird ihre Wurzel wie Moder sein und ihre Blüte wie Staub auffliegen.«
(Jesaja 5,22-24)

Gemeindeleitungen werden ebenso angehalten, eine Vorbildfunktion hinsichtlich des Umgangs mit Alkohol einzunehmen (1. Timotheus 3,3.8).

Jesus und seine Jünger feierten Feste mit Wein, er verwandelte sogar Wasser in Wein (Johannes 2). Beim Abendmahl wird Wein verwendet (Lukas 22,17-18). Mönche brauten nicht nur Bier, sie tranken es auch gerne. So galt wohl hier der paracelsische Grundsatz »Die Dosis macht das Gift«. Oder anders ausgedrückt: In Maßen – nicht bayerischen!

Wenn wir unseren Körper als Tempel des Herrn betrachten (1. Korinther 6,19), dann sollten wir ihn entsprechend behandeln. Das gilt nicht nur in Bezug auf Alkohol, sondern generell für eine gesunde Lebensweise (z. B. Ernährung, Sport/Bewegung, Schlaf etc.).

Problematisch wird es, wenn Alkohol (oder andere Drogen) als vermeintliche »Problemlöser« eingesetzt werden. So wie Psychopharmaka keine Probleme lösen, sondern nur Symptome unterdrücken (aber helfen können, wieder einen Zugang zu sich und seiner Umwelt zu finden), so löst Alkohol keine Probleme. Auch wenn es manchmal verlockend erscheint, seine Probleme damit herunterzuspülen, um die unerträglich erscheinende Realität besser ertragen zu können oder ihr zu entfliehen, ist davon dringend abzuraten. Zu schnell besteht die Gefahr, in eine Abhängigkeit zu geraten. Dies ist nicht selten ein schleichender Prozess, den man selbst (zunächst) nicht wahrhaben will. Es entsteht ein unwiderstehlicher Drang, das Rauschmittel einzunehmen und zu beschaffen. Irgendwann kommt es zu einer Toleranzentwicklung und die Dosis muss erhöht werden, um die gewünschte Wirkung zu erzielen. Ebenso kommt es zu einem Kontrollverlust über das eigene Verhalten, wodurch man sich selbst oder anderen schaden kann, z. B. durch verletzende Äußerungen. Auf der Verhaltensebene gesellen sich nicht selten Wut und Aggression hinzu. Eigene Interessen/Hobbys werden vernachlässigt und der Konsum trotz bekannter schädlicher Folgen fortgesetzt.

Wenn man sich selbst dabei ertappt, dass das eigene Trinkverhalten nicht gesund erscheint, oder wenn man von Angehörigen oder Freunden darauf aufmerksam gemacht wird, sollte man ehrlich zu sich selbst sein und gegebenenfalls professionelle Hilfe in Anspruch nehmen. Aus dem Epidemiologischen Suchtsurvey (ESA), der seit den 1980er-Jahren in regelmäßigen Abständen unter anderem den Alkoholkonsum der deutschen Bevölkerung erfasst, geht hervor, dass knapp acht Millionen Menschen in der Altersgruppe der 18- bis 64-Jährigen in Deutschland Alkohol in gesundheitlich riskanter Form konsumieren. Rund neun Millionen Menschen in dieser Altersgruppe weisen einen problematischen Alkoholkonsum auf. Im Jahr 2019 waren weltweit 2,44 Millionen Todesfälle auf Alkoholkonsum zurückzuführen.[16]

Es handelt sich hierbei also um ein sehr ernst zu nehmendes Thema, da es massive körperliche und psychische Folgen mit sich bringen kann.

An dieser Stelle werden Sie sich vielleicht fragen, was Humor mit diesem weniger fröhlichen Thema zu tun hat. Wie beim Alkoholkonsum werden beim Humor und beim Lachen bestimmte Botenstoffe (Serotonin, Dopamin, Endorphine) ausgeschüttet, unser Belohnungssystem wird

---

16 Rauschert et al., 2022

aktiviert. Im Vergleich zu Alkohol sind Humor und Lachen jedoch absolut nebenwirkungsfrei (und kostenlos).

So paradox es klingen mag: Humor kann helfen, sich diesem ernsten Thema zu nähern. Er hilft Menschen, die versuchen, ihr Gegenüber auf dieses Thema anzusprechen, Dinge durch die Blume zu sagen. Das kann ein sanfter Einstieg in ein ernstes Thema sein (das gilt übrigens auch für alle Witze in diesem Buch).

»Weiß jemand zufällig auswendig, auf welcher Seite der Bibel erklärt wird, wie man Wasser zu Wein macht? Ich frage für einen Freund.«

Der Herr Pfarrer predigt in der Schule gegen den Alkohol und erklärt den Kindern, dass zum Beispiel Tiere Alkohol aus einem natürlichen Instinkt heraus ablehnen.
Pfarrer: »Wenn ich also einem Esel Wasser und Sekt anbieten würde, wofür würde er sich entscheiden?«
»Für das Wasser!«, weiß einer der Jungen sofort.
»Richtig!«, lobt der Pfarrer, »Und aus welchem Grund?«
»Na - weil er ein Esel ist!«

Der Prediger möchte seinen Gemeindeschäfchen anschaulich die schädigende Wirkung von Alkohol und Zigaretten aufzeigen. Dazu befüllt er drei Gläser. Das erste mit Alkohol, das zweite mit Zigarettenrauch und das dritte mit klarem Leitungswasser. In jedes der Gläser setzt er einen Regenwurm. Am Ende seiner Predigt wirft er einen Blick in die drei Gläser und sagt: »Seht her, liebe Geschwister. Der Wurm im Alkohol ist tot. Der Wurm im Zigarettenrauch ist tot. Der Wurm im Wasser aber lebt. Was soll uns das sagen?« Daraufhin ruft eine ältere Dame: »Wer säuft und raucht, bekommt keine Würmer.«

Der Religionslehrer fragt seine Klasse, was die Gäste der Hochzeit zu Kana wohl gedacht haben, als Jesus Wasser in Wein verwandelte. Daraufhin meldet sich der kleine Max: »Den laden wir auch ein.«

Ein katholischer Pfarrer rast mit überhöhter Geschwindigkeit über die Landstraße, als er von einer Polizeistreife angehalten wird. Der Polizist merkt sofort, dass es aus dem Auto stark nach Alkohol riecht. Er verlangt deshalb Führerschein und Fahrzeugpapiere. Sein Verdacht erhärtet sich, als er eine leere Weinflasche auf dem Beifahrersitz liegen sieht. »Sagen Sie, haben Sie etwas getrunken?« Der Pfarrer antwortet: »Nur Wasser!« Der Polizist: »Und warum riecht es hier in Ihrem Wagen nach Wein?« Der Pfarrer schaut auf die leere Flasche und sagt: »Mein Gott, er hat es schon wieder getan!«

Der Pfarrer predigt voller Inbrunst von der Kanzel, als er einen Mann erblickt, der gerne einen über den Durst trinkt und nur selten den Weg ins Gotteshaus findet. Es erfreut sein Herz und er nimmt sich vor, den Mann darauf anzusprechen. Nach dem Gottesdienst sucht er ihn allerdings vergeblich. Da ihn der Gedanke nachts nicht loslässt, beschließt er am nächsten Tag, den Mann zu Hause aufzusuchen. Er läuft zu seinem Haus und klingelt. Als der Mann öffnet, sagt der Pfarrer: »Ich habe mich wirklich sehr gefreut, Sie gestern in der Kirche gesehen zu haben.« Der Mann entgegnete etwas verwirrt: »Soso, in der Kirche war ich also auch noch ...«

Der neue Pfarrer bei seiner ersten Predigt: »Wenn ich zum Beispiel sehe, wie jemand betrunken die Kneipe verlässt, so rufe ich ihm zu: ›Du bist auf dem falschen Weg, mein Sohn – kehre um!‹«

Und nun zum zweiten Punkt: Wunder. Es gibt immer wieder Christen, die sich Wunder Gottes wünschen. Viele sehnen sich sogar nach biblischen Wundern, da sie in der heutigen Welt nichts Vergleichbares zu sehen glauben. War früher wirklich alles besser? Klar, die Wunder Jesu waren großartig, aber nur weil Jesus nicht mehr in menschlicher Gestalt unter uns weilt, muss das nicht bedeuten, dass es heute keine Wunder mehr gibt. Vielleicht sehen wir sie nur nicht oder wir haben einen falschen Blick oder Anspruch an ein Wunder. Ich bin mir sicher, dass auch heute noch Wunder geschehen, wahrscheinlich jeden Tag. Zum Beispiel die Person, die einen schweren Autounfall überlebt, obwohl das Auto einem Schrotthaufen gleicht. Oder das Kind, das geboren wird, obwohl den Eltern mehrfach von ärztlicher Seite gesagt wird, dass sie aus medizinischer Sicht keine Kinder bekommen können. Vielleicht müssen wir aufhören, zwischen großen und kleinen Wundern zu unterscheiden. Ein Wunder ist ein Wunder – und diese geschehen auch um uns herum!

Humor kann in diesem Themenfeld hilfreich sein. Er fördert Offenheit und Kreativität. So kann unsere Sichtweise geweitet und unser Blick für die täglichen Wunder, die um uns herum passieren, geschärft werden.

Ein Pfarrer beginnt daran zu zweifeln, ob Gott heute wirklich noch Wunder vollbringt. Er macht sich auf den Weg in seine Kirche, um Gott um ein Zeichen zu bitten. Als er vor dem Gotteshaus steht, kommt ein Mann aus der Eingangstür, blickt sich um und ruft: »Mein Gott, jetzt kann ich wieder laufen.« Der Pfarrer ist völlig begeistert und fragt den Mann: »Ist Ihnen etwa ein Wunder geschehen?« Daraufhin der Mann: »Nein, mir hat schon wieder jemand mein Fahrrad gestohlen!«

Ein junger Theologiestudent sitzt auf einer Parkbank und studiert eifrig seine Bibel. Neben ihm sitzt ein älterer Pfarrer. Plötzlich schreit der junge Student auf: »Gott ist großartig. Er hat die Israeliten durch das Meer geführt!« Der Pfarrer sieht ihn an und versucht, ihm den Wind aus den Segeln zu nehmen. »Das ist ganz einfach zu erklären. Du musst wissen, dass das Wasser an dieser Stelle des Meeres damals nur circa 20 Zentimeter tief war. So war es leicht für das Volk Israel hindurchzuspazieren.« Der Theologiestudent bedankt sich für diese Hintergrundinformation und widmet sich wieder seiner Bibel. Plötzlich schreit er erneut: »Hey, Gott ist krass genial, einfach der Wahnsinn!« Der Pfarrer irritiert: »Was ist denn jetzt schon wieder?« Der Theologiestudent: »Gott hat die Ägypter einfach mal in nur 20 Zentimeter tiefem Wasser ertränkt!«

Nächstenliebe

Im Internet kursiert ein Bild, auf dem Jesus vor einer Menschenmenge auf einem Stein sitzt. Er sagt: »Liebe deinen Nächsten wie dich selbst.« Aus der Menge kommt die Frage: »Und wenn er ein Flüchtling ist oder schwul?« Darauf Jesus: »Hast du was an den Ohren?«

Leider ist nur der erste Satz Jesu in der Bibel überliefert (Markus 12,31). Wenn wir diesen Satz ernst nehmen, könnte seine Antwort auf die Frage aber durchaus so lauten.

Zwei Freunde unterhalten sich:
Der eine: »Laut Bibel ist Homosexualität unnatürlich.«
Daraufhin der andere fragend: »Wo genau steht das denn?«
»Das hab ich vergessen, aber irgendwo zwischen der sprechenden Schlange und der schwangeren Jungfrau.«

Der Pfarrer und der Rabbi pflegen schon lange eine gute Nachbarschaft.
Eines Tages arbeitet der Pfarrer an einer Predigt über die Nächstenliebe und beschließt spontan, selbst mit gutem Beispiel voranzugehen.
Am nächsten Morgen wäscht er heimlich den verschmutzten Wagen des Rabbi.
Als er am Abend in seinem eigenen Hof Lärm hört und nach draußen geht, sieht er den Rabbi, der gerade den Auspuff des pastoralen Autos abtrennt.
Entgeistert stürzt er auf den Rabbi zu: »Was machst du denn da?«

»Ach«, antwortet dieser bescheiden, »da du bereit warst, mein Auto zu taufen, soll deines nun auch beschnitten werden.«

Unter Nächstenliebe kann ein vorurteilsfreies, nicht auf Gegenleistung bedachtes, helfendes Handeln gegenüber anderen Menschen verstanden werden. Mit Respekt, Wertschätzung, Liebe, Fürsorge und Mitgefühl begegnet man seinen Mitmenschen in einer Haltung des Wohlwollens. Im christlichen Kontext gilt die Nächstenliebe neben der Gottesliebe als wichtigstes Gebot (Matthäus 22,37-39; Galater 5,14).

Nächstenliebe sollte uns Freude bereiten und von Herzen kommen. Sie ist die wichtigste Tugend und darf nicht als aufgezwungene Maßnahme betrachtet werden. Wenn es uns gelingen würde, besser miteinander (und mit uns selbst) umzugehen, wäre die Welt ein friedlicherer Ort und ich bin davon überzeugt, dass es weniger psychische Störungen gäbe, wenn die Menschheit sich dieses Gebot zu Herzen nehmen würde.

Mit Humor und Heiterkeit gelingt es leichter, auf andere Menschen zuzugehen. Man nimmt sich selbst nicht so ernst und kann den Blick auf andere Menschen richten.

Humor kann dabei helfen, sich so zu akzeptieren, wertzuschätzen und zu lieben, wie man ist. Mit allen menschlichen Ecken und Kanten. Dadurch kann die Mauer des Vergleichens mit anderen Menschen durchbrochen werden. Ebenso können Dankbarkeit und Zufriedenheit gefördert und ein Weg zum Selbstmitgefühl geebnet werden.

Selbstliebe ist genauso wichtig wie Nächstenliebe. Durch die Auseinandersetzung mit uns selbst kann aus gesunder

Selbstliebe authentische Nächstenliebe werden. Selbstliebe kann allerdings auch krankhafte Züge haben, wie wir es bei Menschen mit narzisstischen Persönlichkeitsstörungen beobachten können. Diese können den Schritt zur Nächstenliebe erschweren oder sogar unmöglich machen. Ein Helfersyndrom kann das Leben ebenso erschweren. Schnell geht dann der Blick auf uns selbst und unsere Bedürfnisse verloren. Wenn wir selbst nicht gut auf uns achten und über einen längeren Zeitpunkt über unsere eigenen Grenzen hinaus gehen, können körperliche und/oder seelische Probleme auftreten. Diese können sich negativ auf unser Leben auswirken. In beiden Fällen (stark narzisstische Persönlichkeitsausprägung sowie Helfersyndrom) kann professionelle Hilfe, z. B. in Form einer Psychotherapie, hilfreich sein.

Gottes Liebe ist das größte Geschenk. Wenn es uns gelingt, dies anzunehmen und zu verinnerlichen, dann kann Nächstenliebe plötzlich ganz einfach sein. Nächstenliebe ist daher eine bewusste Entscheidung, genau wie Humor.

Ich sagte es schon: Humor kann dabei helfen, sich selbst besser anzunehmen, sich so zu lieben, wie man ist, und nicht zu hart mit sich selbst ins Gericht zu gehen. So kann das kleine Bäuchlein vielleicht freundlicher als Feinkostgewölbe akzeptiert werden.

Elfriede kommt vom Frauentreff nach Hause und berichtet ihrem Ehemann Klaus: »Du, die Marianne lässt sich scheiden.«
Klaus: »Ich denke, die ist so religiös.«
Elfriede: »Ja genau darum. Sie liebt seit einiger Zeit ihren Nächsten.«

Über den Beischlaf

An dieser Stelle sollte eigentlich ein Kapitel über die verschiedenen Geschlechter, Partnerschaft, vorehelichen Geschlechtsverkehr, Sex im Allgemeinen und Prüderie erscheinen. Als ich meiner Frau davon erzählte, gab sie mir mit eindringlichem Blick (und liebevollen Worten) zu verstehen, dass das keine gute Idee sei. Da meine kluge Frau ein hilfreicher Gradmesser für Angemessenheit ist, habe ich ihren Rat befolgt. Dennoch möchte ich Ihnen ein paar Witze zu diesem Themenbereich nicht vorenthalten. Wer sich ernsthaft näher mit dieser Thematik auseinandersetzen möchte, dem empfehle ich das 3. Kapitel aus dem Buch »Der vergessene Jesus« von Martin Dreyer.[17]

Auf dem Weg in den Himmel werden Männlein und Weiblein getrennt. Frauen links, Männer rechts. Der Weg der Männer endet vor zwei Toren. Eine endlose Schlange steht vor dem ersten Eingang, neben dem ein Schild mit der Aufschrift hängt: »Hier stellen sich alle an, die im Leben von ihrer Frau herumkommandiert wurden.« Auf dem Schild neben der anderen Tür heißt es: »Hier stellen sich alle an, die im Leben nicht von ihrer Frau herumkommandiert wurden.« Davor steht ein einziger Mann. Petrus holt ihn ab und fragt freundlich: »Also, du bist nie von deiner Frau herumkommandiert worden?« – »Na ja«, zuckt der Mann die Achseln, »sie hat gesagt, ich soll mich hier anstellen.«

17 Dreyer 2016, S. 49-74

Meine Frau ist wie die Bibel. Man weiß nie so genau, ob die Interpretation und Übersetzung richtig sind. Aber ihr Wort ist Gesetz.

Ein Mann sucht einen Geistlichen mit einer wichtigen Frage auf: »Vater, ich möchte gerne ewig leben. Was muss ich dafür tun?«
Die Antwort des Geistlichen kommt wie aus der Pistole geschossen: »Heiraten.«
Der Mann schaut ihn fragend an: »Und dann werde ich ewig leben?«
Der Geistliche blickt schmunzelnd zurück: »Nein, aber der Wunsch verschwindet.«

Ein traditioneller Prediger wird als Redner zu einem Frauentreff eingeladen. Als einziger Mann scheint er sich dort nicht sonderlich wohlzufühlen und gerät schnell mit den Frauen in einen Streit über die Rolle der Frau in der Kirche. Als ihm eine Frau entgegenbringt, dass es schließlich Frauen waren, denen Jesus als Erstes nach seiner Auferstehung begegnet sei, platzt es plötzlich aus ihm heraus: »Meine gute Frau, darauf müssen Sie wahrlich nicht stolz sein. Es ist doch nur logisch, dass der Herr als Erstes den Frauen begegnet ist. Er wusste, dass sich dann die Nachricht schneller herumsprechen würde.«

Eine Frau kommt nach ihrem Tod in den Himmel. Petrus begrüßt sie freundlich an der Pforte, aber noch ehe dieser ausreden kann, unterbricht ihn die Frau und bittet ihn darum, ihren

verstorbenen Mann treffen zu können. Petrus schaut in seinem schlauen Buch nach, kann den Mann aber nicht finden. Die Frau pocht darauf, dass er weitersucht.
»In Ordnung, vielleicht finde ich ihn ja unter den Seligen?«, sagt Petrus. Aber: kein Eintrag.
Die Frau wird immer energischer: »Such bitte weiter.«
Petrus blättert weiter in seinem Buch und murmelt: »Mal sehen, vielleicht ist er ja sogar bei den Heiligen.« Aber auch dort kann Petrus den Namen des verstorbenen Mannes nicht finden. Daraufhin wendet er sich der Frau zu und fragt: »Liebe Frau, sagen Sie bitte, wie lange waren Sie denn mit Ihrem Mann verheiratet?«
Wie aus der Pistole geschossen antwortet die Frau: »Über 50 Jahre.«
Daraufhin Petrus: »Ach, sagen Sie das doch gleich, dann finden wir ihn sicher bei den Märtyrern.«

Ein Pfarrer, ein Lehrer und der Bürgermeister eines kleinen Örtchens gehen gemeinsam auf Wanderschaft. Die drei kommen an einem Teich vorbei. Da es ein heißer Tag ist, beschließen sie, sich im Adamskostüm eine schnelle Abkühlung zu gönnen. Als sie aus dem Wasser steigen, bemerken sie, dass der Ortsfrauentreff ebenfalls auf Wanderschaft und in ihre Richtung unterwegs ist. Schnell springen sie in ein Gebüsch, um sich zu verstecken. Während sich der Lehrer und der Bürgermeister beide Hände vor ihr Gemächt halten, bedeckt der Pfarrer sein Gesicht. Glücklicherweise bleiben sie unbemerkt, als die Frauenwandergruppe an ihnen vorbeizieht. Verwundert erkundigen sich der Lehrer und der Bürgermeister, warum der Pfarrer denn seine Hände vor sein Gesicht gehalten habe. Daraufhin antwortet dieser: »Ich weiß ja nicht, wie das bei euch beiden ist, aber ich werde von meinen Gemeindemitgliedern am Gesicht erkannt!«

In der Sonntagsschule unterhalten sich zwei Mädchen:
»Also ich will für immer Jungfrau bleiben.«
»Warum das denn?«
»Damit ich später einmal ein Vorbild für meine Tochter bin.«

Zwei Männer stehen vor dem Himmelstor. Petrus öffnet das Tor und tritt vor die beiden. Er spricht zum ersten Mann: »Sag mir, welches Leid auf Erden hast du ertragen?«
Die Antwort kommt prompt: »Ich war verheiratet.«
Petrus winkt ihn hinein und wendet sich dem zweiten Mann zu. Dieser setzt sich in Bewegung und sagt: »Ich gehe gleich mit, denn ich war zweimal verheiratet.«
Petrus stellt sich ihm in den Weg und verweigert ihm den Eintritt. »Es tut mir leid, aber du kannst leider nicht eintreten. Unglückliche lasse ich hinein, Dumme aber nicht!«

Der Papst geht zum allerersten Mal mit einigen Bischöfen und Kardinälen in die Sauna. Er ist hellauf begeistert. Auf dem Rückweg sagt er: »Das war so entspannend. Also dieses Saunieren gefällt mir wirklich, das sollten wir öfter machen. Wisst ihr was? Wir gehen gleich morgen wieder in die Sauna.«
Einer der Kardinale wird plötzlich rot wie eine Tomate und antwortet dem Papst: »Heiliger Vater, das geht nicht.« Der Papst schaut ihn verwundert an und fragt: »Warum geht das denn nicht?«

Der Kardinal erklärt: »Morgen können wir nicht hierher in die Sauna kommen, denn es ist gemischte Sauna.« Daraufhin der Papst: »Ach, das ist doch nicht so schlimm, die paar Protestanten stören mich überhaupt nicht.«

Ein katholischer Priester fragt seinen Kollegen: »Sag mal, glaubst du, dass wir noch die Abschaffung des Zölibats erleben werden?«
Daraufhin der andere: »Wir vermutlich nicht, aber vielleicht unsere Kinder.«

Lieber Gott, segne flott!

»Verlangen deine Eltern von dir, dass du vor dem Essen betest?«, erkundigt sich der Pfarrer.
»Nö«, schüttelt Daniel den Kopf. »Meine Mutter kocht eigentlich ganz gut!«

Beten bedeutet in erster Linie, mit Gott zu sprechen. Dies kann in unterschiedlichen Arten und Formen geschehen. Für viele Menschen ist das Gebet ein Ritual, beispielsweise vor dem Essen oder vor dem Zubettgehen, für einige auch ein wesentlicher Teil eines Gottesdienstes (z. B. in der Liturgie). Es gibt Menschen, für die das Gebet einer der wichtigsten Bestandteile des Glaubenslebens ist. Für andere erscheint es als notwendiges Übel, weil es eben dazugehört. Manche werden feststellen, dass sich ihre Gebetsintention drastisch erhöht, wenn sie sich in schwierigen Situationen befinden, in denen sie Gott dringend benötigen (Not lehrt beten). Wenn es uns hingegen gut geht, verliert das Gebet für viele Menschen seine Bedeutung.

Ein Schiff gerät in Seenot. Die Wellen schlagen immer höher und plötzlich entdeckt ein Matrose ein Leck im Boot. Es ist so groß, dass es sich nicht reparieren lässt. Der Untergang des Bootes ist unausweichlich. Der Kapitän ruft seine Mannschaft und alle Passagiere auf dem Vorderdeck zusammen und fragt: »Befindet sich zufällig ein gläubiger Mensch unter Ihnen, der ein rettendes Gebet sprechen kann?« Es meldet sich ein Mann: »Ich, Herr Kapitän.« – »Das erleichtert mich«, sagt der Kapitän. »Die Übrigen können jetzt die Schwimmwesten anlegen, es fehlt nämlich nur eine einzige.«

Das Gebet kann unterschiedliche Funktionen haben:

1. eine direkte Verbindung zu Gott herstellen
2. Entlastung (Dinge abgeben und nicht mit sich allein ausmachen)
3. Distanzierung von Problemen und Sorgen des Alltags
4. Bitte um Hilfe
5. Dankbarkeit ausdrücken
6. verbindendes Ritual (z. B. Tischgebet)
7. Reflexion/Selbsterkenntnis – über sich und Gott bzw. über die eigene Beziehung zu Gott nachdenken
8. Kontemplation/zur Ruhe kommen
9. Spiritualität ausdrücken
10. Hoffnung tragen/ausdrücken

Der dänische Theologe und Philosoph Søren Kierkegaard hat einmal gesagt: »Das Gebet verändert Gott nicht. Aber es verändert denjenigen, der betet.«

Eine Schulklasse schaut sich gemeinsam das Fußballweltmeisterschaftsfinale 2006 in Deutschland an. Nachdem die Italiener im Elfmeterschießen gegen Frankreich gewonnen haben, sagt Stefano zu seinem Freund Etienne: »Es war klar, dass wir gewinnen. In Italien haben alle für den Titel gebetet.«
Daraufhin Etienne: »Das ist totaler Blödsinn. Wir Franzosen haben auch für den Sieg gebetet.«
Stefano lächelnd: »Ja, gebetet habt ihr vielleicht. Aber halt nur auf Französisch.«

Nicht selten fragen Menschen, warum Gott ihre Gebete nicht erhört. Der irische Schriftsteller und Literaturwissenschaftler Clive Staples Lewis soll dazu einmal folgenden Satz gesagt haben: »Hätte Gott all die dummen Gebete erhört, die ich mein Lebtag an ihn gerichtet habe, wo wäre ich jetzt?«

Gebet ist kein Ersatz für eigenes Handeln. Wir müssen selbst Entscheidungen treffen. Dabei kann der christliche Glaube ein moralischer Kompass sein.

Problematisch wird es allerdings, wenn andere uns einzureden versuchen, wir würden nicht richtig glauben oder nicht richtig beten und Gott deshalb unsere Gebete nicht erhört.

Gerade im Zusammenhang mit Krankheit, Schmerz und Leid erlebe ich solche Aussagen immer wieder in Gesprächen an meinem Arbeitsplatz. Ja, das Gebet hat Kraft und Gott kann durch das Gebet wirken. Aber Gottes Wege sind auch unergründlich und unsere Zeit auf dieser Erde ist endlich.

Der Schriftsteller Max Frisch hat einmal gesagt: »Krise ist ein produktiver Zustand, man muss ihr nur den Beigeschmack der Katastrophe nehmen.«

Natürlich wünscht man niemandem, in eine Krise zu geraten. Aber wenn die Krise da ist, kann man sich verschiedene Fragen stellen:

- Wie und warum kam es zu dieser Krise?
- Wie komme ich aus dieser Krise heraus?
- Was muss ich tun/ändern, damit ich nicht in eine erneute Krise gerate?
- Was darf ich aus dieser Krise lernen?

Wenn es gelingt, die Krise nicht als Katastrophe, sondern als Chance für Einsicht, Wachstum und Reifung zu sehen, kann ihr viel von ihrer Bedrohlichkeit genommen werden. Resiliente Menschen berichten sehr oft, dass sie gerade durch ihre Krisenerfahrungen so widerstandsfähig und stark geworden sind. Krisen sind also immer auch Chancen!

Das Gebet kann hier einen Zugang zu Gott schaffen. Wir können ihm all unsere Gedanken, Sorgen und Nöte anvertrauen. Er sieht und hört uns – auch wenn wir es manchmal nicht glauben oder uns von ihm verlassen fühlen (vgl. Psalm 50,15).

Neujahrsgebet: »Lieber Gott, bitte lass meine Taille schlanker und mein Bankkonto fetter werden. – Und bitte, bitte, verwechsle es nicht wieder, so wie letztes Jahr!«

Treffen sich zwei Freunde. Der eine fragt den anderen: »Was ist denn mit deinem Auge passiert?« Daraufhin der andere: »Ja, dumm gelaufen. Als wir gestern beim Tischgebet ›... und erlöse uns von dem Bösen‹ gebetet haben, habe ich zufällig meine Schwiegermutter angeschaut.«

Apropos Schwiegermutter:

Ein Mann hat sich den Mel-Gibson-Film »Die Passion Christi« angesehen und ist so begeistert, dass er mit der ganzen Familie nach Israel reist, um die Orte zu besuchen, an denen Jesus lebte und starb. Während der Reise stirbt plötzlich seine Schwiegermutter. Der Bestatter in Tel Aviv erklärt ihm, dass sie den Leichnam für 10.000 Euro in die Heimat überführen lassen oder aber die Schwiegermutter für 500 Euro in Tel Aviv bestatten könnten.

Der Mann überlegt nicht lange und erklärt: »Sie wird überführt!«

Der Bestatter fragt: »Sind Sie sicher? Das ist ein verdammt hoher Preis und wir würden hier auch eine würdevolle Trauerfeier abhalten.«

Darauf der Mann: »Hören Sie, vor 2000 Jahren wurde hier ein Mann beerdigt, der nach drei Tagen wiederauferstand, das Risiko möchte ich nicht eingehen!«

Der Lehrer beobachtet Fritzchen, während er mitten im Unterricht anfängt zu beten.
Darauf angesprochen, antwortet Fritzchen: »Meine Mama sagt immer, ich soll vor dem Schlafengehen noch beten.«

Haste mal 'ne Mark?

Es war einmal ein alter Mann, der sein ganzes Leben lang hart gearbeitet und sich viele Reichtümer angesammelt hatte. Mit den Jahren war er zu einem großen Geizkragen geworden, der sein Geld über alles liebte. Als er bemerkte, dass er das Zeitliche bald segnen würde, sagte er zu seiner Frau: »Schatz, hör mir jetzt bitte genau zu: Wenn ich sterbe, dann leg mir bitte all mein Geld mit in den Sarg. Ich will es im anderen Leben bei mir haben.«
Er bat sie, ihm ein Versprechen darauf zu geben.
Nun, nach einiger Zeit starb der Mann. Er wurde in einen prächtigen Sarg gelegt und bei der Beerdigung saß seine Frau in der ersten Reihe. Sie war schwarz gekleidet und neben ihr hatte ihr Schwager Platz genommen. Am Ende der Zeremonie wollten die Bestatter den Sarg gerade schließen, da rief sie: »Einen Moment!« Sie nahm eine Kassette, ging nach vorne und legte sie in den Sarg hinein. Die Bestatter schlossen den Sarg und gingen damit zum Grab.
Der Schwager war schockiert und fragte: »Du hast ihm doch jetzt nicht wirklich das ganze Geld mitgegeben?« Sie erwiderte: »Hör mal, ich bin christlich erzogen worden und ich kann nicht lügen. Ich habe es ihm versprochen und dann tu ich das auch!«

»Das hast du wirklich getan, das ganze Geld ist in dem Sarg?«
»Aber natürlich«, sagte sie, »ich habe ihm einen Scheck ausgestellt!«

Wahrscheinlich kennen Sie das Sprichwort »Über Geld spricht man nicht«. Vielleicht kennen Sie auch seine Ergänzung: »Geld hat man«. Geld und Finanzen sind sensible Themen.

Drei Jungen auf dem Schulhof geben mit ihren Vätern an. Der erste Junge sagt: »Mein Vater schreibt ein paar Wörter auf ein Blatt Papier, nennt das ›Gedicht‹ und bekommt 50 Euro dafür.«
Der zweite Junge sagt: »Mein Vater schreibt ein paar Wörter auf ein Blatt Papier, nennt das ›Lied‹ und bekommt sogar 100 Euro dafür.«
»Das ist noch gar nichts«, prahlt der dritte, »mein Vater schreibt ein paar Worte auf ein Blatt Papier, nennt das ›Predigt‹ und braucht hinterher vier Leute, um das Geld einzusammeln!«

Ein Tourist möchte mit der Fähre über den See Genezareth fahren.
Der Fährmann: »Das macht 50 Euro!«
Darauf der Tourist: »Das ist ganz schön teuer!«
Wieder der Fährmann: »Ja, aber über diesen See ist auch Jesus zu Fuß gegangen!«
Der Tourist resignierend: »Kein Wunder – bei den Preisen!«

Wenn im kirchlichen oder gemeindlichen Kontext von Geld die Rede ist, geht es häufig um das Thema »Spenden« oder die sogenannte »Kollekte«.

Der katholische Pfarrer besucht seinen evangelischen Kollegen. Dieser hat ein riesiges Haus, ein tolles Auto und, und, und. Da fragt der katholische den evangelischen Pfarrer: »Mensch, wie hast du das denn gemacht?« Darauf der evangelische: »Ich mache das immer so: Ich werfe die Kollekte hoch und was nach rechts fällt, ist für den lieben Gott, was nach links fällt, ist für mich.«
Ein Jahr später lädt der katholische Pfarrer seinen evangelischen Kollegen zu sich ein. Da hat jener plötzlich eine große Villa, zwei Sportwagen und eine spitzenmäßige Wohnungseinrichtung. Der evangelische Pfarrer ist verwundert und fragt den katholischen Amtsbruder: »Wie hast du das denn so schnell hingekriegt?« Da antwortet dieser: »Ich mach das jetzt genau wie du, allerdings ein wenig anders: Ich werfe die Kollekte auch hoch, aber was oben bleibt, ist für den lieben Gott, und was nach unten fällt, ist für mich!«

Auf dem Heimweg von einem Gottesdienst schimpft ein Familienvater vor sich hin: »Die Predigt des Pfarrers war genauso lang wie langweilig, der Organist hat schlecht gespielt und der Chor miserabel gesungen!«
»Aber Papa«, wirft der kleine Sohn ein, »die Vorstellung war doch gar nicht so schlecht für die 20 Cent Eintritt, die du in den Opferstock geworfen hast!«

Ein Pfarrer soll nach einer Trauung zu einem Gespräch mit dem Dekan kommen. Da die Hochzeitsgäste länger als erwartet im Gemeindehaus feiern, wird der Pfarrer immer unruhiger und schließlich greift er zum Telefon, um den Dekan anzurufen. Verzweifelt erklärt er diesem: »Herr Dekan, eigentlich ist die Trauung schon lange vorbei, aber die Hochzeitsgäste sind immer noch alle im Gemeindehaus und wollen einfach nicht gehen. Was soll ich denn jetzt machen?«
Der Dekan denkt kurz nach und sagt: »Geben Sie Feueralarm!«
Der Pfarrer winkt ab: »Das habe ich selbstverständlich schon versucht, aber es hat niemanden interessiert.«
Der Dekan: »Mhm, dann rennen Sie panisch nach draußen und schreien Sie laut: ›Haltet den Dieb.‹«
Die Antwort des Pfarrers klang immer verzweifelter: »Auch das habe ich schon ausprobiert – alles vergeblich.«
Der Dekan seufzt: »Na, wenn das so ist, müssen Sie wohl zum Äußersten gehen.«
»Was ist denn das Äußerste?«, fragt der Pfarrer erwartungsvoll.
Daraufhin der Dekan: »Nehmen Sie den Klingelbeutel und fangen Sie an, die Kollekte einzusammeln.«

Ein Pfarrer wird an das Sterbebett eines Ungläubigen gerufen. Der Ungläubige möchte vom Pfarrer wissen, ob er ins Himmelreich kommt, wenn er der Kirche jetzt noch 5.000 Euro spendet. Darauf der Pfarrer: »Mein Sohn, das kann ich nicht versprechen, aber einen Versuch ist es definitiv wert.«

Was sagt uns eigentlich die Bibel zu diesem brisanten Thema? Im Alten Testament lesen wir an verschiedenen Stellen, dass Menschen den zehnten Teil von etwas gegeben haben. So gab Abraham Melchisedek, dem König von Salem, den zehnten Teil seiner Ausbeute vom Sieg über Kedor-Laomer und dessen Verbündete (1. Mose 14,17-20). Sein Enkel Jakob gelobte, Gott den Zehnten von all dem zu geben, was dieser ihm schenkt, wenn er ihn auf seiner Reise versorgen, beschützen und zu seiner Familie zurückbringen würde (1. Mose 28,20-22). Den Leviten (jüdische Tempeldiener aus dem Stamm Levi) sprach Gott für ihre Arbeit den zehnten Teil der israelischen Ernte zu (4. Mose 18,21), verlangte von ihnen allerdings, dass sie den zehnten und sogar besten Teil davon wieder an ihn zurückgaben (4. Mose 18,25-29). Es wird noch kurioser. Die Israeliten sollten damals den zehnten Teil ihrer Ernte und ihres Viehs (Rinder, Schafe, Ziegen) als Opfer an Gott abgeben. Wollte man sich stattdessen freikaufen, musste man 20 Prozent des jeweiligen Wertes zusätzlich bezahlen (3. Mose 27,30-32). Die Nichtabgabe des Zehnten wurde von Gott als Betrug angesehen (Maleachi 3,8).

Im Neuen Testament wird diese Rechnung aufgehoben. Dort können wir lesen, wie Jesus die Gesetzlichkeit der Pharisäer verspottet und sie als Heuchler bezeichnet. Sie gaben immer peinlich genau ihren Zehnten, sogar von ihren Gewürzen wie Minze, Dill oder Kümmel, aber die wichtigeren Forderungen Gottes (z. B. Barmherzigkeit, Gerechtigkeit oder Treue) schienen sie weniger zu kümmern (Matthäus 23,23). Weiter heißt es: »Gebt, was ihr habt, dann werdet ihr so überreich beschenkt werden, dass ihr gar nicht alles aufnehmen könnt. Mit dem Maßstab, den ihr an andere anlegt, wird man auch euch messen.« (Lukas 6,38) Schließlich formuliert es Paulus äußert treffend: »So soll jeder für sich entscheiden, wie viel er geben will, und zwar freiwillig und nicht aus Pflichtgefühl. Denn Gott liebt den, der fröhlich gibt.« (2. Korinther 9,7)

Zum Hintergrund mag es hilfreich sein, sich in Erinnerung zu rufen, dass sich die großen Landeskirchen über die Kirchensteuer finanzieren. Die Freikirchen hingegen erhalten keinen Cent aus diesem Topf und leben von Spenden.

Wir sollen Freude am Teilen und am Geben haben. Ich denke, dass der sogenannte »Zehnte« nicht so dogmatisch gesehen werden sollte, nicht auf den Cent genau, weil es so sein MUSS. Wenn es Sie erfüllt, den zehnten Teil Ihres Einkommens zu spenden, dann können Sie das tun. Ich bin sicher, Gott freut sich darüber. Wenn Sie mehr als die zehn Prozent geben wollen und es Ihnen Freude macht, dann dürfen Sie das natürlich auch tun. Und wenn Sie weniger als ein Zehntel geben wollen, dann brauchen Sie ebenso kein schlechtes Gewissen zu haben. Hauptsache, es kommt von Herzen.

Außerdem geht es hier nicht nur um Geld, sondern generell darum, nicht an Geld oder Besitz zu hängen. Es sollte freudig und dankbar als von Gott anvertraut erachtet und geteilt werden. Das Teilen schließt weitere Bereiche ein, z. B. Gastfreundschaft (sein Zuhause teilen), Beiträge zum Kirchenbüfett, jemandem bei einer Arbeit helfen, indem man sich dafür Zeit nimmt, oder Dinge weiterschenken, die man nicht benutzt, etc.

Das Ehepaar Krause unterhält sich nach dem Gottesdienst zu Hause am Mittagstisch über den Inhalt der Predigt, in der es um das Geben des Zehnten ging. Frau Krause fragt ihren Mann: »Sag mal, geben wir eigentlich auch jeden Monat genau unseren Zehnten?« Herr Krause verschluckt sich fast an der Suppe und äußert brüskiert: »Schatz, es gibt viele Leute in der Kirche, die ihren Zehnten geben. Es gibt aber auch Leute, die deutlich mehr geben. Dazu gehören wir. Wir geben sogar unseren Zwanzigsten.«

Schließlich dürfen wir nicht vergessen: Geld ist im Himmel nichts wert, wir können es am Ende unseres Lebens nicht mitnehmen (Matthäus 6,19). Sicher ist es sinnvoll, sich darüber Gedanken zu machen, Geld zu sparen oder für die Kinder auf die Seite zu legen. Aber es sollte nicht unser ganzes Leben bestimmen. Wir sollen uns keine Sorgen machen, denn Gott sorgt für uns (Matthäus 6,33-34).

Auf einem interreligiösen Kongress findet ein Workshop über das Thema »Finanzen« statt. Während einer Kleingruppenarbeit unterhalten sich ein evangelischer Pfarrer und ein jüdischer Rabbi über den geringen Verdienst ihrer Arbeit.
Der Pfarrer beklagt sein Leid: »Also bei mir ist das Geld schon so knapp, dass ich manchmal im Wirtshaus die Zeche prelle.«
Der Rabbi hört aufmerksam zu und fragt erstaunt: »Wie schaffst du das denn?«
»Ach, das ist eigentlich ganz einfach. Ich warte immer den Schichtwechsel der Bedienungen ab. Wenn die eine Bedienung geht und die andere kassieren möchte, sage ich jedes

Mal, dass ich schon bei der anderen Bedienung gezahlt hätte. Da ich Pfarrer bin, glaubt man mir das selbstverständlich.«

Der Rabbi ist ganz begeistert und möchte das Prozedere gerne auch einmal live erleben. So verabreden sich die beiden nach dem Workshop im Wirtshaus. Nachdem die beiden fürstlich gespeist haben, kommt die Bedienung mit der Rechnung an den Tisch. Der Pfarrer sieht sie verwundert an: »Die Rechnung haben wir doch schon bei Ihrer Kollegin bezahlt.« Und auch der Rabbi mischt sich nun ein: »Und wir warten immer noch auf das Wechselgeld!«

Der Pfarrer spricht in den Abkündigungen über die geplanten Renovierungsarbeiten der Kirche: »Liebe Gemeinde, ich habe eine gute und eine schlechte Nachricht. Die gute zuerst: Wir haben genug Geld für die Renovierung. Die schlechte: Es steckt noch in euren Geldbörsen.«

Freiheit statt Gesetzlichkeit

Ein großes Problem, das viele Menschen mit dem christlichen Glauben haben, ist die vorherrschende Gesetzlichkeit in vielen Denkweisen. Das haben wir gerade bei den Pharisäern und dem Zehnten gelesen (Matthäus 23,23). So verwundert es nicht, dass immer mehr Menschen aus den Kirchen austreten und den christlichen Glauben hinter sich lassen.

Ist ein Mensch aus Lüneburg, der aus der Kirche austritt, eigentlich ein Lüneburger Heide?

Unter »Gesetzlichkeit« kann die Einhaltung religiöser Gebote und moralischer Prinzipien verstanden werden. Gläubige Menschen befolgen dabei hartnäckig bestimmte (oft selbst erdachte und geschaffene) Gesetze und Vorschriften, um ein gottesfürchtiges Leben zu führen und damit Gott zu gefallen.

In der Bibel finden sich einige Stellen, die sich mit dem Thema »Gesetzlichkeit« befassen:

> *»Halte dich nicht zu streng an das Gesetz und sei nicht maßlos im Erwerb von Wissen! Warum solltest du dich selbst ruinieren? Entfern dich nicht zu weit vom Gesetz und verharre nicht im Unwissen: Warum solltest du vor der Zeit sterben? Es ist am besten, wenn du an dem einen festhältst, aber auch das andere nicht loslässt. Wer Gott fürchtet, wird sich in jedem Fall richtig verhalten.«*
> (Prediger 7,16-18)

Der Apostel Paulus geht in seinen Briefen an die neu entstandenen Gemeinden auch darauf ein. Er schreibt, dass sie durch Christus von den weltlichen Zwängen und Mächten befreit sind. Gleichzeitig stellt er die Frage, warum sie trotzdem weiterhin vergänglichen Regeln und Vorschriften folgen, die keinen Sinn ergeben. Diese Regeln wirken vordergründig zwar besonders fromm und weise, verfolgen letztendlich aber menschliche Ziele und sind somit wertlos (Kolosser 2,20-23).

Als Jesus einmal von den Pharisäern danach gefragt wird, ob es erlaubt sei, am Sabbat zu heilen – alle wissen, dass es verboten ist, denn Heilen ist Arbeit und die ist am Sabbat nicht erlaubt –, erwidert Jesus ihnen ganz gelassen mit einer Gegenfrage: »Angenommen, jemand von euch besitzt ein Schaf und das fällt am Sabbat in eine Grube. Wird er es nicht sofort herausholen? Und ein Mensch ist doch viel mehr wert als ein Schaf! Also ist es erlaubt, am Sabbat Gutes zu tun.« (Matthäus 12,9-14)

Spannend ist auch die Geschichte der Ehebrecherin und der Reaktion Jesu (Johannes 8,1-11). Einige Schriftgelehrte und Pharisäer brachten eine Frau zu Jesus, die sie auf frischer Tat beim Ehebruch ertappt hatten. Sie wiesen darauf hin, dass die Frau nach dem mosaischen Gesetz zu Tode gesteinigt werden müsse (5. Mose 22,22). Nun wollten sie von Jesus wissen, was er davon halte. Jesus ließ sich nicht aus der Ruhe bringen und malte zunächst munter auf dem Boden weiter. Als sie nicht lockerließen, sagte er: »Wer unter euch ohne Sünde ist, der werfe den ersten Stein.« Dann wandte er sich wieder dem Dreck auf dem Boden zu und schrieb mit dem Finger darauf weiter. Als alle Ankläger beschämt weitergingen, sagte er zu der Frau, er verurteile sie nicht, aber sie solle nicht mehr sündigen.

Ketzerisch könnte man an dieser Stelle sagen, dass Jesus die Worte des Alten Testaments nicht wörtlich nahm bzw. Gnade und Nächstenliebe über Strafe und Gesetz stellte.[18]

---

18 vgl. Garth 2015, S. 181

Wir alle kennen wohl solche kleinlichen, pedantischen Menschen, die uns mit ihrer übertriebenen Genauigkeit und Regelkonformität manchmal die Lebensfreude nehmen. Im Volksmund werden sie gerne als »Korinthenkacker« bezeichnet. Korinthen sind sehr kleine, gleichförmige, violettschwarze Trauben (Rebsorte Korinthiaki), die ihren Namen der gleichnamigen griechischen Stadt verdanken. Man dachte sich, dass pingelige Menschen wohl auch auf der Toilette immer genau gleich große Portionen ihrer Notdurft absetzen. Man sollte also die Kirche im Dorf lassen und nicht päpstlicher als der Papst sein.

Was macht ein Pedant in der Wüste? – Staubsaugen.

Auch Paulus kennt solche Menschen und schreibt in seinem Brief an die Gemeinde in Galatien: »Nachdem ihr nun aber Gott kennt und liebt – genauer gesagt, nachdem Gott euch kennt und liebt –, wie ist es da möglich, dass ihr euch diesen armseligen und kümmerlichen Zwängen wieder beugt und unterwerft? Oder warum sonst legt ihr so großen Wert auf die Einhaltung bestimmter Tage, Monate, Feste und Jahre? Ich mache mir Sorgen um euch!« (Galater 4,9-11)

> *»Durch Christus sind wir frei geworden, damit wir als Befreite leben. Jetzt kommt es darauf an, dass ihr euch nicht wieder vom Gesetz versklaven lasst.«*
> (Galater 5,1)

Jeder Mensch ist anders und deshalb ist es legitim, dass jeder Mensch sein Glaubensleben anders lebt. Wer entscheidet, was richtig oder falsch ist? Wir Menschen sicher nicht. Das Urteil darüber liegt letztlich allein bei Gott. Und da glaube ich persönlich an einen gnädigen Gott. Im Christentum gibt es keine Payback-Punkte zu sammeln oder andere Bonussysteme. Der Tod Jesu am Kreuz für unsere Schuld hat den Weg frei gemacht. Deshalb sollten wir diese (neue) Freiheit genießen und Freude am Leben haben. Natürlich sollten wir dabei immer ehrlich zu uns selbst sein. Paulus schreibt im Korintherbrief: »Es ist alles erlaubt, aber nicht alles ist hilfreich. Es ist alles erlaubt, aber nicht alles ist gut« (1. Korinther 10,23).

Gott will, dass wir ihm nachjagen. Natürlich ist es gut und wichtig, sich an Gesetze zu halten und Regeln zu befolgen, die das gesellschaftliche Zusammenleben ermöglichen. Sie dürfen aber niemals über Gott gestellt werden.

Ich bin überzeugt: Gott möchte, dass wir authentisch sind, dass wir uns nicht verbiegen, dass wir offen und flexibel sind und Dinge nicht aus einem zwanghaften Pflichtbewusstsein oder aus Angst vor Strafe tun, sondern freiwillig und aus Liebe.

Humor kann dabei eine wichtige Rolle spielen, denn er sprengt Grenzen und eröffnet neue Räume. Die durch den Humor entstandene heitere Gelassenheit kann uns daher im Glaubensleben begleiten. Sie hilft uns, die Freiheit, die wir durch Jesus gewonnen haben, zu verinnerlichen und uns nicht vom Joch der Gesetzlichkeit erdrücken zu lassen.

In folgendem Vers aus dem zweiten Brief an die Korinther bringt es Paulus auf den Punkt:

»Er ist es, der uns befähigt hat, Diener des neuen Bundes, also der neuen Art der Gottesbeziehung zu sein. Damit meine ich nicht den Bund, der durch den Buchstaben des Gesetzes geregelt wird, sondern durch den Gottesgeist. Denn der Buchstabe als solcher tötet, doch der Gottesgeist macht lebendig.«
(2. Korinther 3,6)

Text und Kontext

Ein Satz, der mich in meinem Verständnis von psychischen Störungen und in meiner Arbeit mit Menschen in psychischen Krisen stark beeinflusst hat, stammt von dem angloamerikanischen Anthropologen und Sozialwissenschaftler Gregory Bateson. Er vertrat die Ansicht, dass der Kontext immer wichtiger sei als der Text.[19]

Mitten in der Nacht weckt der Maschinenbaustudent seine Freunde. Er weist auf den beeindruckenden, nächtlichen Sternenhimmel und fragt: »Was zeigt euch dieser Anblick?« Der Student der Astronomie blickt prüfend hoch und antwortet: »Er zeigt, dass es im sichtbaren Universum etwa 70 Trilliarden Sterne und etwa 100 Milliarden Galaxien gibt.«

19 vgl. Bateson 1985, 1987

Der Theologiestudent meint andächtig: »Dieser Anblick sagt mir, dass Gott allmächtig ist und wir gegen das Universum klein und bedeutungslos sind. Und was bedeutet der Anblick einem Maschinenbauer?«
Nachdenklich schaut der Maschinenbaustudent hinauf und antwortet bedächtig: »Es bedeutet, dass irgendjemand unser Zelt gestohlen hat.«

Wir Menschen sind heutzutage wahnsinnig schnell im (Be-)Werten und (Ver-)Urteilen. Wir öffnen schnell Schubladen und stecken Menschen oder Ansichten und Meinungen hinein. Das kann zu Stress führen, vor allem dann, wenn sich plötzlich herausstellt, dass sich unsere Sichtweise ändern könnte. Eine humorvolle Sichtweise eröffnet hier neue Möglichkeiten und kann helfen, offen zu bleiben. In der psychiatrisch-psychotherapeutischen Arbeit sprechen wir von *Reframing*, also dem Umdeuten. Man gibt den Dingen einen neuen Rahmen. Schauen wir uns das am Beispiel eines Wasserglases an. Für den Optimisten ist es halb voll, für den Pessimisten halb leer und für den Realisten ist es halb mit Wasser und halb mit Luft gefüllt. Alles eine Frage der Perspektive.

Während der Predigt setzt plötzlich ein Starkregen ein. Die Gemeindemitglieder werden zum Ende des Gottesdienstes hin so langsam unruhig und fürchten, dass sie klitschnass nach Hause kommen werden. Als der Pastor zum Ende seiner Predigt kommt, sagt er: »Seht doch, wie gut unser Gott ist! Während wir hier sitzen und uns erbauen, wäscht er draußen unsere Autos.«

Die spannende Frage ist also oft: Wie sehen wir die Dinge? Hier gilt es immer wieder, sie kritisch zu hinterfragen. Warum denken wir eigentlich so, wie wir denken? Der österreichisch-US-amerikanische Psychotherapeut und Kommunikationswissenschaftler Paul Watzlawick hat einmal gesagt: »Jeder denkt, dass seine Wirklichkeit die wirkliche Wirklichkeit ist.«

Dies lässt sich mit einem Bild veranschaulichen. Zwei Menschen stehen sich gegenüber, zwischen ihnen ist eine Zahl auf den Boden gemalt. Für die eine Person ist die Zahl eine 6, für die andere eine 9. Wenn es keiner der beiden Personen schafft, die Perspektive zu wechseln, wird es schwierig. Denn je nach Perspektive ist die Zahl eine 6 oder eine 9.

Warum fällt es uns oft so schwer, eine neue Perspektive einzunehmen oder den Blickwinkel zu erweitern? Der russische Schriftsteller Leo Tolstoi hat vielleicht eine passende Antwort: »Die Menschen gehen lieber zugrunde, als dass sie ihre Gewohnheiten ändern.«

Lohnt sich das? Lieber umkommen, als über den eigenen Standpunkt nachzudenken und ihn vielleicht zu ändern, wenn er sich geändert hat? Sie entscheiden selbst.

Gottes Wort verbreiten

Kommt ein Pfarrer zum Psychiater. Im Aufnahmegespräch fragt der Psychiater: »Reden Sie im Schlaf?« – »Nein«, antwortet der Pfarrer, »ich rede nur, wenn andere schlafen.«

Die Frohe Botschaft (wie das Evangelium auch genannt wird) scheint von uns Christen oft nicht als solche verstanden zu werden, sonst müssten wir doch alle heiter durchs Leben gehen. Warum wird die Frohe Botschaft oft nicht wirklich fröhlich verkündet? Würde das Wort ernst genommen werden, müssten Christen vor Fröhlichkeit strotzen und Gottesdienste Orte der Freude und nicht Täler des Ernstes, der Langeweile und der Trübseligkeit sein.

Paulus schreibt in seinem zweiten Brief an die Gemeinde in Korinth, dass er nicht gekommen sei, um den Glauben zu beurteilen (denn sie waren bereits im Glauben gefestigt), sondern um Freude zu bringen (2. Korinther 1,24). Daraus könnte man schließen, dass der Glaube freudig und fröhlich sein soll.

In Psalm 100,2 lesen wir: »Dient dem Herrn mit Freude! Kommt vor sein Angesicht mit Jubel.«

Kaum vorstellbar (es sei denn, man sitzt vielleicht gerade in einem charismatischen Gottesdienst), wie es wäre, wenn Gottesdienste plötzlich einer Stadionatmosphäre gleichen würden. Manchmal vermisse ich bei Menschen eine derartige Leidenschaft für den christlichen Glauben.

Interessant ist an dieser Stelle, dass der frenetische Beifall der Fußballfans als »normal« erachtet wird, während man bei ähnlichem Jubel für den christlichen Glauben als fanatischer Spinner gilt. Eigentlich traurig, oder?

Schon der englische Baptistenpastor Charles Haddon Spurgeon wusste um die Bedeutung des Humors bei der Verkündigung des Wortes Gottes. So schreibt er über einen langweiligen Predigerkollegen, dieser wolle sich offenbar als

Märtyrer empfehlen, denn er würde sicher gut brennen, so trocken wie er sei.[20]

Während der Predigt im Gottesdienst stößt die Frau ihren Ehemann in die Seite und flüstert ihm aufgeregt ins Ohr: »Schau mal, Herbert, das ist doch unglaublich. Neben dir ist doch wirklich einer eingeschlafen!«
Der Mann zuckt zusammen und zischt wütend: »Und deshalb weckst du mich?«

Über das Missionieren und die Art und Weise, wie man dabei vorgehen sollte, gehen die Meinungen (wie so oft) auseinander. Das Vorleben von Werten im Alltag kann ebenso hilfreich sein wie das Verteilen von Traktaten oder der Lobpreis in der Fußgängerzone. Gott kann Menschen auf unterschiedliche Weise begegnen und berühren. So gibt es viele Möglichkeiten, auf Gott hinzuweisen.

Dabei kommt es immer auf Freiwilligkeit, Authentizität und Freude an. Ebenso sollte ein echtes Interesse am Gegenüber vorhanden sein, sonst wirkt der missionarische Eifer schnell unecht und aufgesetzt.

Ein katholischer Priester, ein evangelischer Pfarrer und ein jüdischer Rabbi verbringen das Wochenende auf einer Berghütte mitten im Wald. Sie wollen gemeinsam herausfinden, wer von ihnen eigentlich der beste Seelsorger ist. Also vereinbaren sie, dass jeder am Morgen allein in den Wald geht,

---

20 vgl. Spurgeon 2020, S. 105

sich einen Bären sucht und versucht, diesen zu bekehren. Am Abend treffen sich die drei wieder in ihrer Hütte. Der katholische Priester beginnt: »Also bei mir war es ein voller Erfolg. Ich habe dem Bären aus dem Katechismus vorgelesen und ihn danach mit Weihwasser besprenkelt. Nächste Woche wird er seine Erstkommunion feiern.«

Sein evangelischer Kollege fährt fort: »Ich habe unten am Fluss einen Bären getroffen. Sofort habe ich ihm Gottes Wort nähergebracht. Er war so ergriffen, dass ich ihn gleich im Fluss taufen konnte.«

Der Rabbi sagt nichts, also drehen sich der Priester und der Pfarrer zu ihm um. Sie sehen, wie er in einem Ganzkörpergips auf einer Bahre liegt. Der Rabbi ergreift mit zaghafter Stimme das Wort: »Wenn ich es mir jetzt noch einmal überlege, wäre es vermutlich sinnvoller gewesen, wenn ich nicht gleich mit der Beschneidung begonnen hätte.«

Humorvolle Menschen strahlen Offenheit und Lebensfreude aus. Ein authentisch und fröhlich gelebter Glaube kann daher eine wertvolle Möglichkeit sein, anderen Menschen die Leichtigkeit und Befreiung des christlichen Glaubens zu zeigen. Deshalb sind christliche Witze für mich nicht per se Blasphemie, sondern in vielen Fällen ein einladendes Gesprächsangebot.

Humor fördert die Kreativität und kann helfen, sich Dinge besser zu merken und sich durch die Erinnerung in einen positiven Zustand zu versetzen. Im Neurolinguistischen Programmieren (NLP) spricht man hier von *Ankern*.

Gottes Wort wird nicht nur durch unser Auftreten im Alltag deutlich, sondern beispielsweise auch in Gottesdiensten. Gottesdienste sollen deshalb nicht langweilig sein, sondern fröhlich die Liebe Gottes zu uns Menschen verkünden. Andernfalls besteht die Gefahr, dass die Frohe Botschaft nicht als solche verstanden wird.

> Auf dem Weg zur Kirche fragt die Mutter ihren Sohn: »Weißt du, warum es wichtig ist, dass du in der Kirche leise bist?« Darauf der Sohn: »Ja, weil die Leute in Ruhe schlafen wollen.«

Gottesdienste sollen lebendige, kreative und inspirierende Kraftquellen sein, die dazu einladen, Gott näher kennenzulernen und die eigene Beziehung zu ihm zu vertiefen. Sie sollen uns motivieren, die Freude am Glauben in den Alltag zu tragen. Es darf nicht vergessen werden, dass das Ziel nicht die Begeisterung der Menschen für die Kirche ist, sondern die Begeisterung der Menschen für Jesus.

Eine Gettoisierung muss unbedingt vermieden werden. Ja, die Gemeinschaft unter Gleichgesinnten ist wichtig, allerdings sollten wir genau da unseren Glauben leben, wo uns Gott hingestellt hat: in der Nachbarschaft, im Wohnviertel, am Arbeitsplatz, im Verein etc.

Christliche Gemeinschaften sollten nicht nur offen auf interessierte Menschen zugehen, sondern sich grundsätzlich weltoffen zeigen. Mancherorts entsteht heute noch der Eindruck, dass einige Institutionen eher elitäre Zirkel sind, die in ihrer Bubble für sich leben, nicht gestört werden wollen und auch bloß nicht in Kontakt mit der »Welt da draußen« kommen möchten.

Ein junger Christ zieht zum Studium in eine große Stadt. Dort möchte er sich einer Gemeinde anschließen. Er recherchiert viel im Internet und landet auf der Website einer sehr modernen Gemeinde. Er sieht sich die Predigten des Pastors an und ist begeistert. Er hört sich den pompösen Lobpreis der riesigen Band an und ist begeistert. Auch die Menschen auf den Fotos sehen für ihn alle super sympathisch aus. Also beschließt er, zu Gott zu beten: »Himmlischer Vater, du siehst, diese Gemeinde könnte genau zu mir passen. Bitte mach doch, dass sie mich bei sich aufnehmen. Amen.« Es dauert nicht lange, da erhält er die Antwort Gottes: »Mein lieber Sohn, sag mir doch bitte Bescheid, wenn du dort aufgenommen wurdest. Selbst ich habe es bisher nicht geschafft, dort aufgenommen zu werden.«

Es wäre wünschenswert, wenn es in christlichen Kreisen und Kirchen mehr Miteinander statt Gegeneinander gäbe. Wir können viel voneinander lernen und unsere Synergien bündeln, statt gegenseitig zu konkurrieren und uns zu profilieren, wer denn der oder die Bessere von uns sei. Gemeinsam (statt einsam) für das große Ziel.

Vielleicht braucht es in Zukunft aber einfach mehr Gemeinden, die »missional« leben. Missionales Leben bezieht sich auf eine Haltung und einen Lebensstil, in dem Christen sich aktiv in die nähere Umgebung einbringen. Authentizität, ehrliches Interesse am Gegenüber sowie die Bereitschaft, für die Menschen da zu sein, ihnen zuzuhören und in Liebe zu begegnen, gehören hier zum Selbstverständnis. Der eigene Blick wird nicht vorwiegend nach innen in die Gemeinde, sondern auf das persönliche Umfeld gerichtet. Man fängt an, für seine Nachbarschaft, die Stadt, das Land etc. zu beten, Beziehungen zu den Menschen aufzubauen und sich für das Wohl des Umfelds aktiv einzusetzen. Im Prinzip tut man genau das, was Jesus gemacht hat: Beziehung zu Menschen aufbauen und ihnen vorleben, was es heißt zu glauben. Durch eine offene und dienende Grundhaltung werden dadurch die Mitmenschen und das Lebensumfeld positiv bereichert. Missionales Leben findet daher außerhalb von Kirchenmauern statt und ist eine bewusste Entscheidung, die verinnerlichte Dankbarkeit über die Errettung durch Jesu Tod am Kreuz und seine Liebe zu uns Menschen nach außen hin zu tragen. Dies kann auch als echter, gelebter Glaube verstanden werden.

Ein Stotterer bewirbt sich bei einer Vertreterfirma, die von Haus zu Haus geht, um dort Bibeln zu verkaufen. Der Chef der Firma gibt ihm 100 Bibeln und sagt: »Wenn du diese Bibeln innerhalb einer Woche verkauft hast, dann hast du den Job.« Der Stotterer macht sich daraufhin frohen Mutes auf den Weg. Nach nur drei Tagen kommt er wieder zurück in die Firma und legt dem Chef das Geld für die 100 Bibeln auf den Tisch. Sichtlich verwundert fragt ihn dieser: »Wie hast du das denn nur gemacht? 100 Bibeln in drei Tagen, das hat bisher noch niemand geschafft. Wenn du mir dein Geheimnis verrätst, dann stelle ich dich sofort unbefristet ein.« Daraufhin der Stotterer: »I-i-ich ha-habe bei d-den L-L-Leu-ten ge-ge-klingelt und s-s-s-sie g-g-gef-gefragt, ob s-sie die B-B-Bibeln k-k-kaufen w-wollen, o-o-oder ob i-i-ch sie i-ihnen v-v-v-vor-l-l-le-lesen soll.«

Apropos Stottern: Mose soll gestottert haben (2. Mose 4,10) und trotz oder gerade wegen dieser vermeintlichen Schwäche hat Gott ihn gebraucht.

Mose steht auf dem Berg Horeb und begegnet Gott. Gott spricht zu ihm und sagt: »Ich will dich und mein Volk aus der Knechtschaft der Ägypter führen. Wo möchtet ihr hingehen?
Mose, der für sein Stottern bekannt war, antwortete: »K-K-Ka-Kaa-«
Gott ist verwundert: »Nach Kanaan? In das Land, welches von unseren Feinden umzingelt ist? Na gut, wenn du das möchtest.«
Als Gott wieder verschwindet, fängt Mose an zu fluchen: »D-D-Di-Die-ses ver-verfl-uchte S-S-St-Stot-tern. I-Ich w-w-wollte ei-eigen-eigentlich Karibik sagen.«

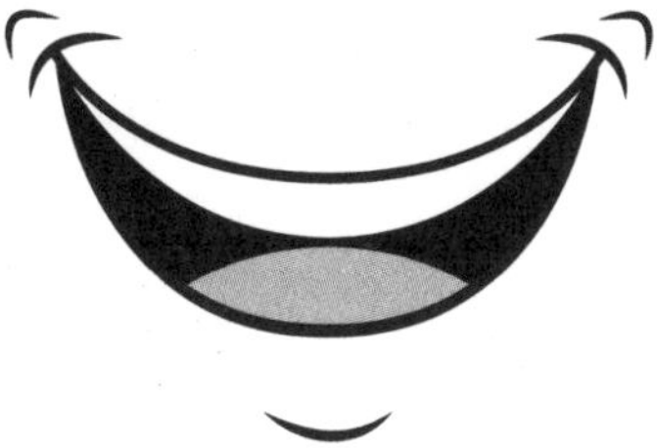

HEITERE GELASSENHEIT ENTWICKELN

Sie sind nun im letzten Kapitel angelangt. Zu Beginn habe ich von einem Prozess gesprochen, der im Rahmen dieses Buches durchlaufen werden kann. Das bedeutet an dieser Stelle, dass die vielen geschriebenen Worte langsam zu Ende gehen und Sie nun aufgefordert sind, selbst aktiv zu werden.

Humor ist eine Haltung, die gefördert und trainiert werden kann. Ich hoffe, dass Ihnen dieses Buch dabei eine kleine Hilfe ist und Sie die Vorteile des Lachens und des Humors für sich entdecken oder vielleicht auch wiederentdecken können.

Nach meinem Verständnis will Gott, dass wir ein glückliches und zufriedenes Leben führen. Zum Glück hat er uns den Humor geschenkt, der uns vieles leichter ertragen lässt. In der Bibel gibt es viele Stellen, in denen von Fröhlichkeit und ihrem Sinn und Zweck die Rede ist:

> *»Fröhlichkeit ist gut für die Gesundheit, Mutlosigkeit raubt einem die letzte Kraft.«*
> (Sprüche 17,22)

»Ein fröhlicher Mensch strahlt über das ganze Gesicht, aber einem verbitterten fehlt jede Lebensfreude.«
(Sprüche 15,13)

»Seid allezeit fröhlich, betet ohne Unterlass, sagt in jeder Lage Dank, denn so will es Gott von euch in Christus Jesus.«
(1. Thessalonicher 5,16-18)

»Seid fröhlich als Menschen der Hoffnung, bleibt standhaft in aller Bedrängnis, lasst nicht nach im Gebet.«
(Römer 12,12)

Gehen wir nun einen Schritt weiter und schauen, wie es gelingen kann, eine heitere Gelassenheit im Glaubensleben zu entwickeln.

Gebratene Tauben

Wer rastet, der rostet, sagt der Volksmund. Dieses Motto lässt sich ebenso auf den christlichen Glauben übertragen und fordert uns auf, aktiv zu werden.

Dennis kniet sich jeden Abend vor sein Bett, faltet die Hände, schließt die Augen und betet: »Lieber Gott, bitte mach, dass ich den Hauptgewinn in der Lotterie erhalte.«
Seit vielen Jahren geht das nun schon so. Bis ins hohe Alter wiederholt er täglich sein Gebet.
Eines Abends antwortet ihm eine Stimme: »Dennis, du musst mir jetzt aber auch mal eine Chance geben – kauf dir endlich einen Lottoschein.«

Es wäre anmaßend und vielleicht sogar töricht, sich träge auszuruhen, statt die Dinge aktiv anzugehen. In meiner Jugend habe ich oft nachts vor anstehenden Matheprüfungen gebetet: »Gott, du sagst, du gibst es den Deinen im Schlaf. Bitte lass mich morgen die Mathearbeit gut bestehen.« Die Quittung für mein nicht vorhandenes Lernverhalten kam meist prompt. Alles Schimpfen auf Gott half nichts – ich musste selbst aktiv werden, Nachhilfe nehmen und so konnte ich doch noch meinen ausreichenden Frieden mit der Mathematik schließen.

Wir brauchen also keine positiven Veränderungen zu erwarten, wenn wir immer wieder das Gleiche (Falsche) tun. Aus Fehlern lernt man bekanntlich. Der Theologe Dietrich Bonhoeffer hat einmal gesagt: »Den größten Fehler, den man im Leben machen kann, ist, immer Angst zu haben, einen Fehler zu machen.« Angst ist nie ein guter Ratgeber, daher kann Humor auch hier behilflich sein. Durch ihn wird der Umgang mit eigenen Unzulänglichkeiten und/oder Fehlern aufgeweicht. Man geht mit sich selbst nicht so hart ins Gericht, weil man sich seiner Fehlbarkeit bewusst ist. Der Psychiater und Psychotherapeut Prof. Dr. Dr. Rolf Dieter Hirsch spricht von der höchsten Stufe des therapeutischen Humorprozesses, wenn es gelingt, gemeinsam mit anderen Menschen über sich selbst lachen zu können.[21]

Mit der Berufung verhält es sich übrigens ganz ähnlich wie mit dem aktiven Handeln. Viele Menschen warten auf deut-

---

21 Hirsch 2001, S. 100

liche Zeichen Gottes, dass er sie für eine bestimmte Sache gebrauchen will. Der amerikanische Missionar Jim Elliot sagte dazu: »Die meisten Christen brauchen keine Berufung, sondern einen Tritt in den Hintern.« Hier könnte mit Humor ein erneutes Reframing gelingen: Wenn uns andere Personen also künftig in den Hintern treten, könnten wir dies möglicherweise als positives Zeichen sehen, denn Gott spricht bekanntlich durch andere Menschen oder deren Handeln. Und wenn wir es nach dem ersten Tritt nicht verstanden haben, müssen wir vielleicht die andere Pobacke hinhalten. Aber halt, in der Bibel war ja (in einem anderen Zusammenhang) nicht der Hintern, sondern das Gesicht gemeint (Lukas 6,29).

Hochmut kommt vor dem Fall

Es waren einmal zwei Wildgänse, die an einem großen Teich wohnten. In diesem Teich lebte auch eine Schildkröte. Diese Schildkröte hatte keine Freunde, da sie sehr von sich überzeugt war. Immer wenn sie anderen Tieren begegnete, plapperte sie pausenlos. Schnell waren die anderen Tiere von ihrer Überheblichkeit und ihren selbstherrlichen Geschichten genervt und wandten sich von ihr ab. Als der Herbst hereinbrach, machten sich die beiden Gänse dafür bereit, in den Süden zu fliegen, um dort den Winter zu verbringen. Da die beiden Wildgänse der Schildkröte gegenüber noch am wohlgesonnensten waren, bat sie die beiden, ob sie nicht mit ihnen in den Süden fliegen könnte. Sie möchte hier nicht so einsam und allein sein. Da die beiden Wildgänse ein gutes Herz hatten, erklärten sie sich dazu bereit, wenn die Schildkröte eine Idee hätte, wie sie transportiert werden könnte. Die Schildkröte sah sich eilig um und erblickte einen Stock. »Ihr könntet diesen Stock an beiden Enden mit euren Schnäbeln halten und ich halte mich in der Mitte mit meinem Maul fest.« Dies klang den Wildgänsen plausibel. Sie warnten die Schildkröte allerdings, dass sie während des Fluges unbedingt das Maul halten müsse. »Nichts leichter als das!«, erwiderte die Schildkröte. Also flogen die Wildgänse los und die Schildkröte hielt sich in der Mitte mit ihrem Maul fest. Als sie eine Weile flogen, kamen sie über einen Wald. Als zwei Hasen die fliegende Schildkröte erblickten, sagten sie zu den anderen Waldtieren: »Seht euch mal diese klugen Wildgänse an. Sie haben einen Stock im Schnabel, damit die Schildkröte mit ihnen fliegen kann. Was für eine schlaue Idee.« Dies hörte die Schildkröte und konnte es nicht auf sich sitzen lassen. Sie rief nach unten: »Das war meine Idee!«

Dabei konnte sie den Holzstock nicht mit dem Maul festhalten und fiel in den Abgrund. (unbekannter Verfasser)

Es macht Sinn, sich bewusst zu machen, dass Christen oft nicht besser als andere Menschen sind. Entscheidend ist allerdings, dass sie am Ende vermutlich besser dran sind.

Das Leben ist bekanntlich kein Ponyhof und es wird wohl auch nie einer werden. Es ist geprägt von Höhen und Tiefen. Manchmal gelingt es uns besser, den steinigen Weg zu gehen, manchmal eher nicht so gut. Aber wir können Abhilfe schaffen. Die richtige Ausrüstung, passendes Schuhwerk, der Aufbau von Kondition, der Einsatz von Karten und Orientierungshilfen und vieles mehr können den Weg erleichtern. All das stellt uns Gott zur Verfügung, wir müssen es nur ergreifen und nutzen.

Letztlich liegt es an uns, wie wir in der Zukunft über unsere Vergangenheit denken. War das Leben ein einziger Leidensweg oder eine freudige Vorbereitung auf das, was danach kommt? An dieser Stelle ist es sicher überflüssig, darauf hinzuweisen, dass Humor eine gewisse Leichtigkeit erzeugen kann, die hier hilfreich ist.

Das Passwort zum Himmel lautet Jesus. Das Passwort zum Leben heißt Humor.

> Tünnes klopft ans Himmelstor, wo er von Petrus weniger freundlich empfangen wird: »Einer wie du, der seinen Glauben so häufig verleugnet hat, also der hat hier oben nichts zu suchen.« Da wirft Tünnes seinen Kopf in den Nacken und fängt an, wie ein Hahn zu krähen. »Sei doch still«, flüstert Petrus, »lass die alte Geschichte und komm schnell rein.«

Es macht immer Sinn, zuerst vor der eigenen Haustüre zu kehren. Mit heiterer Gelassenheit gelingt uns nicht nur der Glaube selbst besser, sondern auch die Vorbildfunktion, die wir als Christen in der Welt haben.

DGD heißt nicht nur Deutscher Gemeinschafts-Diakonieverband, zu welchem die Klinik Hohe Mark, in der ich arbeite, gehört. DGD steht gleichzeitig auch für das Motto des Verbandes: dankbar Gott dienen. Dienen heißt nicht, sich aufzuopfern und sich selbst völlig zu vernachlässigen. Hier gilt es, eine gesunde Balance zu finden, um nicht in die Burn-out-Falle zu tappen (mehr dazu im Kapitel »Brennen, ohne auszubrennen«).

Eine dienende Grundhaltung, die von Dankbarkeit und Zufriedenheit geprägt ist, sollte nicht aus einem Pflichtbewusstsein (ich muss), sondern aus einer Freiwilligkeit heraus (ich darf) entstehen. Allzu schnell wird der christliche Glaube sonst dogmatisch.

Es hilft auch, sich mit seinen Vorlieben und Leidenschaften einmal genauer auseinanderzusetzen. Praktischerweise hat Jesus jedem von uns hier unterschiedliche Gaben und Fähigkeiten gegeben, sodass jede und jeder etwas finden kann, wo sie oder er sich mit Freude einbringen kann.

Jesus hat nie gesagt, dass wir keinen Spaß und keine Freude am Leben haben sollen. Im Gegenteil, wir sollen den in uns angelegten Sinn für Humor nutzen, um uns das Leben zu erleichtern, um uns selbst und andere zu erheitern und so Freude und Licht in diese manchmal doch sehr trostlose und düstere Welt zu bringen (Sie erinnern sich vielleicht noch an das erste Kapitel dieses Buches).

Flow-Erleben durch Er-füllung

Eine junge Nonne bittet die Oberin um ein Gespräch, in dem sie ihr gesteht: »Frau Oberin, ich bin in Versuchung geführt worden und habe meine Unschuld verloren.«
Die Oberin befiehlt ihr mit strenger Mine: »Trink sofort eine ganze Kanne Zitronenwasser, ohne Zucker.« Die junge Nonne fragt irritiert: »Als Strafe für meine Sünde?«

Daraufhin die Oberin: »Nein, als Mittel gegen deinen glücklichen Gesichtsausdruck.«

Humor kann Heiterkeit, Freude und Begeisterung auslösen. Menschen können dadurch in einen sogenannten Flow geraten. In der Psychologie wird Flow als ein emotional beglückender Zustand beschrieben, in dem man völlig in seiner Tätigkeit aufgeht. Der Begründer dieser Theorie, der Psychologe Mihály Csíkszentmihályi, bezeichnet ihn als einen Prozess des völligen Einsseins mit dem Leben.[22] So könnte man genauer betrachtet den intrinsischen Glauben als einen Flow-Katalysator bezeichnen. Das wiederum lässt schlussfolgern, dass Glaube einfach Spaß machen muss und es ohne Freude nicht geht. Paulus spricht im Römerbrief genau davon: »Deshalb wünsche ich für euch alle, dass Gott, der diese Hoffnung schenkt, euch in eurem Glauben mit großer Freude und vollkommenem Frieden erfüllt, damit eure Hoffnung durch die Kraft des Heiligen Geistes wachse.« (Römer 15,13)

Echter Glaube ist lebendiger Glaube, der uns gänzlich erfüllt und uns das Leben erleichtern möchte. Im Wort »Begeisterung« steckt übrigens der Begriff »Geist«.

Übertragen auf den christlichen Glauben kann dieser Zustand durch die Er-füllung mit dem Heiligen Geist hervorgerufen werden.

Gott, Jesus und der Heilige Geist befinden sich in den Urlaubsplanungen für das kommende Jahr.

---

22 Csíkszentmihályi 2017

Gott: »Wie wäre es, wenn wir nach China gehen?«
Daraufhin der Heilige Geist: »Ich glaube, da sind wir weniger willkommen und werden vielleicht auch gleich wieder herausgeworfen. Aber wie wäre es mit Israel?«
Jesus: »Lieber nicht, da wurde ich nicht so gut behandelt. Wir könnten doch nach Rom gehen?«
Der Heilige Geist: »Super Idee, da war ich noch nie.«

Die Bibel spricht vom Leben in (der) Fülle. Im Evangelium nach Johannes sagt Jesus nicht nur, dass wir durch ihn gerettet werden, sondern dass er uns Leben in Fülle schenken will (Johannes 10,9-10). Ich bin davon überzeugt, dass diese Verheißung nicht nur für die Ewigkeit gilt, also für das, was nach dem Tod kommt, sondern bereits für unser Leben auf Erden.

Manche Menschen scheinen sich vor dem Heiligen Geist zu fürchten und es scheint, dass Christen oder Glaubensgemeinschaften manchmal versuchen, ihn (bewusst oder unbewusst) aus ihren Herzen zu verbannen. Die Gründe dafür sind vielfältig. Die Begegnung mit dem Heiligen Geist kann lebensverändernd sein. Viele Menschen haben Angst, ihre Komfortzone zu verlassen. Wenn wir uns auf den Heiligen Geist einlassen, kann es passieren, dass er unser Leben auf den Kopf stellt und sich unsere Prioritäten, Pläne und Ziele plötzlich völlig verändern. Das kann zunächst einmal beängstigend sein. Es kann aber auch sein, dass man sich nicht würdig fühlt, den Heiligen Geist zu empfangen, oder dass man Angst hat, dass er die eigenen Fehler und Schwächen aufdecken könnte. Andere fürchten sich vielleicht davor, als verrückt zu gelten, wenn sie erzählen, dass der Heilige Geist sie führt und leitet (Sie erinnern sich vielleicht noch an das Kapitel »Gott und der Psychiater« und den Witz über die Psychose). Übernatürliche Erfahrungen werden oft mit Esoterik in Verbindung gebracht, obwohl sie zur Spiritualität und damit zum christlichen Glauben gehören. Es ist oft eine Frage der Definition, was man darunter versteht.

Es kann sein, dass man im Leben auch unangenehme Begegnungen mit »geisterfüllten« Menschen hat, die zu Skepsis, Unsicherheit oder Unverständnis führen (zur Vielfalt der christlichen Strömungen erinnern Sie sich sicher noch an den Witz vom Glühbirnenwechsel am Anfang des Buches).

Viele Menschen lehnen nicht Gott selbst ab, sondern haben Probleme mit seinem Bodenpersonal.

Als der altersgeschwächte Papst das Zeitliche segnet, kommt er an die verschlossene Himmelspforte. Er läutet, Petrus begrüßt ihn freundlich und erkundigt sich nach seinem Namen. »Mein lieber Petrus, ich bin der Papst, so lass mich bitte herein.« Petrus kratzt sich an der Stirn und murmelt: »Papst, Papst, ...« Er nimmt das Himmelsbuch zur Hand und blättert darin. »Es tut mir sehr leid, ich habe leider niemanden mit diesem Namen in meinem Buch stehen.« Der Papst ist schockiert: »Aber ich bin doch der Stellvertreter Gottes auf Erden!« Petrus ist irritiert: »Gott hat einen Stellvertreter auf der Erde? Komisch, davon hat er mir nie etwas erzählt.« – »Ich bin das Oberhaupt der katholischen Kirche«, fährt der Papst fort. Auch das hilft Petrus nicht weiter: »Katholische Kirche? Nie davon gehört«, entfährt es ihm. »Aber warte bitte einen Moment, ich frage mal den Chef.«

Er steigt die Himmelsleiter empor und sagt zu Gott: »Mein Herr, an der Himmelspforte steht ein Mann, der behauptet, er wäre dein Stellvertreter auf Erden. Er heißt Papst, sagt dir das vielleicht etwas?«

Gott runzelt die Stirn: »Papst? Nein, so jemanden kenne ich nicht, aber lass uns mal meinen Sohn fragen.« Er ruft nach Jesus, der in Sekundenschnelle erscheint. »Jesus, sag mal, weißt du, wer der Papst ist?«

Jesus blickt ihn fragend an: »Papst? Nein, kenne ich nicht. Aber vielleicht kennt ihn ja der Heilige Geist.«

Als Gott nach diesem schickt und ihn fragt, antwortet dieser mit wütender Stimme: »Aber sicher kenne ich den Papst. Das ist der Kerl, der immer den Mist über Maria und mich erzählt!«

Wenn wir uns vom Heiligen Geist erfüllen lassen, kann die Lebensfreude in uns wachsen. Umgekehrt kann eine selbst gewählte Lebensfreude auch die (vielleicht noch verschlossenen) Türen für den Heiligen Geist öffnen. So kann ich Sie nur ermutigen, Ihr Herz nicht vor dem Heiligen Geist zu verschließen. Gott will in uns wohnen.

Brennen, ohne auszubrennen

Völlig ausgebrannt kommen drei Programmierer in eine psychiatrische Klinik. Nach einigen Wochen Therapie scheinen alle drei wieder so weit hergestellt zu sein, dass sie an ihren stressigen Arbeitsplatz zurückkehren können.
Um einen letzten Test vorzunehmen, bittet der Oberarzt die drei Programmierer nacheinander in sein Arztzimmer. Der erste der drei setzt sich und der Oberarzt beginnt: »Sagen Sie mir bitte, wie viel 5 × 5 ist.« Der erste Programmierer antwortet prompt: »110.«
Der Oberarzt schüttelt den Kopf und bittet den Programmierer, doch noch weiter in der Klinik zu bleiben. Dem zweiten Programmierer wird dieselbe Frage gestellt. Er überlegt kurz und antwortet: »Donnerstag.« Wieder schüttelt der Oberarzt den Kopf und erklärt, dass unter diesen Umständen noch nicht an eine Entlassung zu denken sei.
Zuletzt kommt der dritte Programmierer an die Reihe und wird ebenfalls gefragt, was 5 × 5 ergibt. Dieser überlegt nicht lange: »25.« Der Oberarzt ist zufrieden und bereitet die Entlassungspapiere vor. Er erkundigt sich aber sicherheitshalber doch noch einmal, wie er auf dieses Ergebnis gekommen ist. Daraufhin der Programmierer: »Das ist ganz einfach: 110 geteilt durch Donnerstag!«

Burn-out ist heute ein klar definiertes Phänomen, das als Reaktion auf Stress am Arbeitsplatz eingegrenzt wird. Es ist daher nicht verwunderlich, dass sich unter den Betroffenen nicht selten Menschen befinden, deren Arbeitgeber im christlichen Bereich angesiedelt sind. Gott selbst beutet sicherlich keine Menschen aus, aber leider kommt es vor, dass Menschen von christlichen Arbeitgebern (z. B. Kirchen, Gemeinden, Werken) bewusst oder unbewusst ausgebeutet werden. Oft geschieht dies aufgrund falscher Vorstellungen. Wer sagt, dass ich mich bis zum Letzten aufopfern muss? Mein letztes Hemd geben muss? Mich selbst vernachlässigen muss? Mir nichts gönnen darf? Mich über Leistung definieren muss? – Gott? Gerne zitiere ich aus Matthäus 5,37 das siebte Wort: Nein!

Ich bin fest davon überzeugt: Gott will, dass wir ein glückliches und zufriedenes Leben führen. Er will, dass wir Spaß und Freude an dem haben, was wir tun. Der Glaube an ihn soll unser Leben beschwingt und erträglich machen, es mit Sinn erfüllen.

Manche Christen vertreten die Meinung, dass wir als Christen immer nur in Harmonie leben sollten. Daran ist sicher nichts falsch, aber es darf nicht dazu führen, dass wir vor den Problemen dieser Welt die Augen verschließen. Wenn wir die Dinge ständig in uns hineinfressen und nicht darüber reden, kann das irgendwann zum Ausbruch einer psychischen Störung führen.

Ich persönlich habe einen ausgeprägten Gerechtigkeitssinn, der sich darin äußert, dass ich nicht schweige, wenn mir Ungerechtigkeiten im Alltag begegnen. Ich glaube, dass ich aufgrund dieser Eigenschaft am Arbeitsplatz sowohl gefürchtet als auch geschätzt werde. Ich könnte ein ruhigeres Leben führen, wenn ich öfter den Mund halten würde, aber wenn Gott gewollt hätte, dass ich anderen in den Hintern krieche, wäre ich vermutlich als Zäpfchen geboren.

Wenn der Burn-out-Prozess bereits in vollem Gange ist, kann die negative Seite des Humors beobachtet werden. Menschen in der Burn-out-Spirale reagieren oft mit Sarkasmus. Manchmal wird negativer Humor eingesetzt, um die Situation zu verdrängen, weil man sie nicht wahrhaben will. Dann hat man sich nicht mehr unter Kontrolle und reagiert schnell wütend und gereizt. Wenn Sie diese Verhaltensänderung bei sich beobachten, sollten Sie schnell die Reißleine ziehen und sich umgehend professionelle Hilfe suchen.

In Wissenschaft und Medizin wird Humor zunehmend als wichtiges Mittel zur Burn-out-Prävention angesehen. Mit Humor kann es gelingen, sich selbst nicht so wichtig zu nehmen, was dem Burn-out den Nährboden entzieht. Humor betont die Menschlichkeit und somit ist es normal, dass Menschen Fehler machen und nicht perfekt sind. Viele Christen geraten dann jedoch in Konflikt mit dem Gedanken, dass wir Menschen das Ebenbild Gottes sein sollen. Das erzeugt Stress und unnötigen Druck, dem manche von ihnen nicht standhalten können. Ja, wir können Gott immer ähnlicher werden, aber wir können niemals Gott selbst sein. Deshalb ist es utopisch, nach Perfektion zu streben und immer alles richtig machen zu wollen, denn perfekt ist nur Gott allein.

In meiner Jugend tauchten irgendwann Armbänder mit den Buchstaben W.W.J.D. auf: *What would Jesus do?* Die Idee, sich vor jeder Handlung zu fragen, was Jesus in dieser Situation getan hätte, ist sicher gut gemeint, aber woher wissen wir eigentlich, wie Jesus sich entschieden hätte? Mal wird er als die Besonnenheit in Person beschrieben, mal räumt er im Tempel auf und wirft die Tische durch die Gegend. Wann hat er sich wie verhalten? Liebevoll ermahnend oder doch auf den Putz hauend? Um nicht an dieser Frage zu zerbrechen, ist es vielleicht sinnvoller, sich nicht an *What would Jesus do?* abzuarbeiten, sondern nach dem Motto *Walk with Jesus daily!* zu leben.

Falsche Annahmen oder Grundsätze humorvoll zu relativieren, kann äußerst befreiend sein.

Brennende, oder vielleicht besser leuchtende – nicht, dass Sie das mit dem Märtyrer-Spruch Spurgeons vergleichen –, Christen können die Welt verschönern und verbessern. Ausgebrannte Christen sind dagegen wenig hilfreich. Es macht daher Sinn, sich der Frage zu stellen, wie es gelingen kann, für Gottes Reich zu brennen, ohne dabei auszubrennen.

Beim Burn-out folgt auf idealistische Begeisterung erst Stillstand, danach kommt es zu Frustration und Resignation, ehe es schließlich in einer depressionsähnlichen Erschöpfung enden kann.

Humor vermittelt eine optimistische Grundhaltung, die gleichzeitig die Augen nicht vor der Realität verschließt. Diese Welt braucht Optimisten, und keine Menschen, die mit einer rosaroten Brille durch die Gegend laufen und dabei an der Realität vorbeileben. Vielleicht daher: realistische Optimisten.

Optimismus ist ein wunderbares Wort, das fast noch besser wird, wenn man es rückwärts liest.

Als ich in jugendlicher Unbekümmertheit damals versuchte, die christliche Jugend-/Erwachsenengruppe meiner damaligen Gemeinde zu verändern, stieß ich nicht nur auf taube Ohren, sondern auch auf viel Gegenwind. Ich hätte es mit Idealismus weiter versuchen können, aber irgendwann kam ich zu dem Schluss, dass es für die Gruppe anscheinend so in Ordnung war, wie sie war. Vielleicht wäre ich damals in ein »christliches Burn-out« gerutscht, wenn ich nicht die Entscheidung getroffen hätte, das zu akzeptieren und mir eine andere Gemeinde zu suchen. Zum Glück gibt es viele unterschiedliche Gemeinden, in denen jeder Christ einen Platz findet, an dem er glücklich und zufrieden sein kann. Humor und der »realistische Optimismus« haben mir persönlich dabei sehr geholfen, die Dinge zu akzeptieren, die man selbst nicht ändern kann.

Was hat ein Darmwind mit glücklichem Leben zu tun?

Martin Luther hat einige schöne Sätze über das Lachen und den Humor gesagt. Er war der Meinung, dass dort, wo der Glaube ist, auch das Lachen sein muss. Von ihm stammt auch der Satz: »Wenn Gott keinen Spaß verstünde, so möchte ich nicht in den Himmel.« Dem kann ich mich persönlich voll und ganz anschließen. Deshalb gehe ich fest davon aus, dass Gott Humor hat, Humor versteht und will, dass wir Spaß haben und uns wohlfühlen. Humor kann dazu einen wichtigen Beitrag leisten. Er bricht zum Beispiel mit verschiedenen Tabuthemen und sorgt für eine lockere Atmosphäre.

Dazu passt ein anderer Satz, den Luther in seiner scharfzüngigen Art vortrug: »Aus einem verzagten Arsch kommt kein fröhlicher Furz.«

Auch wenn dieser Satz auf den ersten Blick irritieren mag, glaube ich, dass Luther hier recht hat. Dass das Leben nicht stinklangweilig ist, sollte uns spätestens beim genaueren Betrachten des Gases aus unserem Allerwertesten deutlich werden.

Kürzlich las ich in einem Internetforum tatsächlich die ernst gemeinte Frage, ob Pupsen laut Bibel erlaubt sei. Die Diskussion entwickelte sich dann eher in die Richtung, warum wir Menschen (und vor allem Frauen) uns dafür schämen und warum wir (und vor allem wir Christen) bei vielen (Tabu-)Themen oft so verklemmt sind. Wenn Gott den Menschen perfekt geschaffen hat, dann hat er sich sicher bei allem etwas gedacht. So verwundert es nicht, dass auch das Ablassen eines Darmwindes eine nützliche Funktion hat. Ob Luther wohl schon darüber Kenntnis hatte?

Es macht im wahrsten Sinne des Wortes Sinn, Dampf abzulassen. Darmwinde sind ein ganz natürlicher und sogar gesunder Vorgang unseres Körpers. Oder anders gesagt: Pupsen ist nicht nur stinknormal, sondern auch gesund. Zumindest dann, wenn es nicht schmerzt, nicht zu häufig vorkommt und nicht dauerhaft sehr übel oder faulig riecht, denn dann kann es sein, dass man eine Nahrungsmittelunverträglichkeit oder -intoleranz hat. In diesem Fall könnte das Pupsen als wichtiger Hinweis auf eine Erkrankung verstanden werden. Böse Zungen behaupten, Gott habe dem Furz seinen Geruch gegeben, damit auch Taubstumme etwas davon haben.

Wenn der Wind aus dem Darm weht, ist das ein Zeichen dafür, dass unsere Verdauung funktioniert. Das Unterdrücken kann uns nicht nur aufblähen und sehr schmerzhaft sein, Wissenschaftler vermuten mittlerweile, dass dadurch Entzündungen im Darm ausgelöst werden können.

Vielleicht kennen Sie den Spruch: »Wenn's Arscherl brummt, is' Herzerl gsund«. Auch an dieser Wirtshausweisheit könnte etwas Wahres sein. Wissenschaftler haben herausgefunden, dass Pupsen das Risiko für lebensbedrohliche Krankheiten wie Herzinfarkt, Schlaganfall oder Krebs senken kann. Auch Alzheimer oder Demenz könnte es möglicherweise vorbeugen. Furzen gegen Demenz – ich bin gespannt, was mein Arbeitgeber dazu sagen würde, wenn ich mit dieser neuen Idee um die Ecke käme. Aber eine interessante Theorie ist es allemal.

Ich erinnere mich immer gerne an meine Kindheit und die samstäglichen Familientreffen bei meinen Tanten und Onkeln zurück. Nicht selten durfte man sich bei Ankunft nicht auf den bequemen Sessel im Wohnzimmer setzen, da dieser erst einmal auslüften musste. Die Flatulenzen meiner Cousins haben nicht nur zu Missmut, sondern vor allem zu Heiterkeit geführt, was nicht zuletzt an der Lautstärke und dem Geruch lag.

Die Schauspielerin und Kabarettistin Ursula Herking hat einmal gesagt: »Ein Mensch mit Humor trinkt den Kakao, durch den er gezogen wird.« Ein Paradebeispiel dafür war meine liebe Großmutter (Gott hab sie selig). Ihre Darmwinde waren in der ganzen Familie gefürchtet. Als meine Geschwister und ich sie einmal im Krankenhaus besuchten und wir uns auf dem Klinikbalkon unterhielten, fragte sie plötzlich: »Sagt mal, sind wir hier allein auf dem Balkon?« Obwohl wir es verneinten, zündete sie ihr Feuerwerk nach dem Motto: »Was keine Miete zahlt, muss raus«. Vermutlich war sie der Meinung, dass jeder etwas davon haben sollte. Uns Enkelkinder überkam die Schamesröte. Als die anderen Passanten daraufhin lauthals zu lachen begannen, mussten wir mit ins Gelächter einstimmen. Die heitere Stimmung hielt den kompletten Tag an. Auch jetzt, wo ich mich daran erinnere, überkommt mich nicht nur ein freudvolles Schmunzeln, sondern auch ein warmes, wohliges Gefühl.

Die folgende Geschichte hätte so auch meiner Großmutter passieren können:

Der Enkel meldet seine alt gewordene Oma im Altenheim an. Während der Formalitäten sitzt die Oma etwas teilnahmslos im Gemeinschaftsraum. Ein Pfleger bemerkt, dass die Oma ganz langsam gefährlich zur linken Seite des Sessels kippt. Schnell hechtet er herbei, spricht sie beruhigend an und richtet sie wieder auf.

Kurze Zeit später beginnt das Spiel wieder von vorn. Die Oma kippt immer mehr zur Seite und wieder kommt ihr der Pfleger zu Hilfe, um sie wieder gerade zu setzen.

Das wiederholt sich einige Male.

Als der Enkel endlich wiederkommt, raunzt sie ihn an:

»Hier bleibe ich nicht, hier lassen die mich ja nicht mal in Ruhe furzen!«

Vielleicht sollte man an vielen Stellen gelassener damit umgehen, schließlich ist Pupsen ja eigentlich wie Atmen, nur andersherum. In der Coronakrise wurde dieses Thema als wichtige Verhaltensregel immer wieder aufgegriffen: »*Riechst du den Furz, ist der Abstand zu kurz*« lautete hier die Devise. Und während es vorher üblich war zu husten, um einen Pups zu übertönen, wurde plötzlich lieber gepupst, um den Husten zu übertönen.

Eine schlaue Person hat sogar einmal das Glück mit dem Pupsen verglichen. Beides sollte nicht erzwungen werden, denn sonst wird es Scheiße. Andererseits ist jeder Mensch immer auch ein Stück weit selbst seines Glückes Schmied.

Fröhlichkeit kommt von innen. Vielleicht war das der Grund, warum Luther sich derart am Flatulenzen erfreute. Letztlich sollten wir wohl Gott dankbar sein, dass Pupsen nicht – wie Gähnen – ansteckend ist und dass ein Großteil der im Körper produzierten Gase vom Dickdarm über den Blutkreislauf in die Lunge gelangt und dort ausgeatmet wird. Übrigens: Stress und schnelles Essen können durch vermehrtes Schlucken von Luft zu Gasbildung führen. Vielleicht sollten Sie also Ihrer Gesundheit zuliebe nicht nur auf Ihre Ernährung achten, sondern genauso auf Ihr Essverhalten und möglichen Stress in Ihrem Leben.

Lustig, wie man ein ganzes Kapitel über dieses Thema sinnieren kann und am Ende doch etwas Produktives dabei herauskommt, oder?

Daher: Mut zum Furz – aber vielleicht nicht gerade im Gottesdienst während des Stillegebets.

Sam ist zum ersten Mal bei den Eltern seiner Freundin zum Abendessen eingeladen. Es gibt Bohneneintopf. Die Unterhaltung ist in vollem Gange, als er plötzlich Blähungen bekommt. Noch kurzem Nachdenken beschließt er, leise einen Pups abzusetzen. Die Mutter seiner Freundin ruft plötzlich laut: »Hasso!«
Sam ist erleichtert, dass sie den Hund als Schuldigen vermutet. Davon ermutigt lässt er deshalb gleich noch einen Furz, der noch etwas lauter zu vernehmen ist. Erneut ruft die Mutter seiner Freundin: »Hasso!« Tiefenentspannt lässt Sam nun einen weiteren Furz. Völlig entsetzt ruft daraufhin die Mutter: »Hasso! Komm jetzt sofort unter dem Tisch vor, bevor dir dieser Junge noch auf den Kopf scheißt.«

Vergebung

Der Religionslehrer möchte von seiner Klasse wissen, was man tun muss, damit einem die Sünden vergeben werden. Sofort meldet sich Klausi: »Na, zuerst einmal muss man sündigen.«

Gott vergibt uns, wenn wir ihn darum bitten. Deshalb sollten wir auch anderen Menschen vergeben, wenn sie uns unrecht getan haben. Wir müssen ebenso lernen, uns selbst zu vergeben, wenn wir Fehler gemacht haben. Wenn es uns nicht gelingt, uns selbst oder anderen zu vergeben, kann das zu Verbitterung führen, die ein freudiges Leben verhindert. Wir klammern uns an die Vergangenheit und entwickeln

Scheuklappen, die unsere Sichtweise verengen. Denn wenn wir negative Dinge nicht loslassen, können wir keine neuen positiven Dinge ergreifen.

Oft höre ich, dass es Dinge gibt, die nicht vergeben werden können. Dass Vergebung heilsam ist, erlebe ich sehr oft in der Behandlung und Begleitung von Menschen in seelischen Krisen. Wenn von Vergebung die Rede ist, schwingen meist Themen wie Verletzung, Enttäuschung, Unverständnis, Wut oder Rache mit. Die damit verbundene Anspannung kann durch Humor sehr gut gelöst werden und Humor kann somit ein Wegbereiter für Vergebung sein. Humor nimmt den Themen nicht nur die Schwere, denn nach einer Auflockerung kann es leichterfallen, darüber zu sprechen und den ersten Schritt auf den anderen zuzugehen. Wenn wir merken, dass unser Groll uns blockiert und uns die Lebensfreude raubt, sollten wir dringend über Vergebung nachdenken. Wenn schon nicht dem anderen, dann wenigstens uns selbst zuliebe. Denn Vergebung befreit.

Vielleicht gelingt es leichter, wenn wir uns vor Augen führen, dass kein Mensch perfekt ist und auch wir immer wieder Fehler machen. Aber das habe ich ja bereits mehrfach erwähnt. Möglicherweise hilft es, wenn wir uns folgende Frage stellen: Welche Reaktion würden wir uns von unserem Gegenüber wünschen, wenn wir ihm unrecht getan hätten? Natürlich darf dies nicht dazu führen, dass wir bewusst unrecht tun, denn jeder Mensch soll an sich arbeiten, um Gott immer ähnlicher zu werden (2. Korinther 3,18).

Die Bibel enthält übrigens – wohl nicht ohne Grund – sehr viele Stellen zu diesem Thema:

»Seid zueinander gütig, voller herzlicher Anteilnahme, und vergebt einander großzügig. Denn auch Gott hat euch ja durch den Messias mit seiner Gnade beschenkt.«
(Epheser 4,32)

»Euer Vater im Himmel wird euch vergeben, wenn ihr den Menschen vergebt, die euch Unrecht getan haben. Wenn ihr ihnen aber nicht vergebt, dann wird Gott auch eure Schuld nicht vergeben.«
(Matthäus 6,14-15)

»Ertragt einander und vergebt euch gegenseitig, wenn jemand euch Unrecht getan hat. Denn auch Christus hat euch vergeben.«
(Kolosser 3,13)

»Seid also genauso barmherzig wie euer Vater, der voller Barmherzigkeit ist. Und verurteilt niemanden, dann werdet ihr auch nicht verurteilt werden. Behandelt niemanden von oben herab, dann werdet ihr auch nicht verächtlich behandelt. Vergebt anderen, dann werdet ihr auch Vergebung erfahren.«
(Lukas 6,36-37)

»Nehmt euch also in Acht! Wenn dein Bruder Schuld auf sich geladen hat, dann weise ihn zurecht. Bereut er sein Handeln, dann vergib ihm! Und wenn er dir siebenmal am Tag Unrecht tut und dich immer wieder um Vergebung bittet: Vergib ihm!«
(Lukas 17,3-4)

Ein betrunkener Mann betritt die Kirche und bewegt sich zielgerichtet in den Beichtstuhl. Als der Pfarrer den Vorhang zur Seite schiebt und durch das Gitter schaut, sagt der Betrunkene:
»Du brauchst gar nicht zu fragen, hier ist auch kein Toilettenpapier.«

Lieber Gott, bitte gib mir die Gelassenheit eines Stuhles ...,
der muss auch mit jedem »Arsch« klarkommen.

Glaubensvorbilder suchen

Einer Nonne, die mit ihrem Auto unterwegs ist, geht das Benzin aus. Auf der Landstraße, auf der sie gefahren ist, ist weit und breit kein Haus zu sehen. Sie marschiert zu Fuß ins nächste Dorf, das vier Kilometer entfernt liegt. Dort gibt es eine Tankstelle. Die Nonne fragt den Besitzer nach einem Kanister. Dieser antwortet: »Leider sind die Kanister, die ich hatte, alle verkauft. In dieser Woche waren hier schon drei Autofahrer, die sagten, dass ihnen das Benzin ausgegangen sei.« – »Haben Sie denn nichts anderes, was man dazu benutzen könnte, um Benzin hineinzufüllen?«, fragt die Nonne. »Das Einzige, was ich Ihnen hier anbieten könnte, ist ein alter Nachttopf«, antwortet der Tankwart. Die Nonne ist einverstanden und geht mit dem Nachttopf, in den sie etwas Benzin gefüllt hat, zu ihrem Auto zurück. Die Autofahrer, die die Nonne auf der Straße gehen sehen, wundern sich natürlich. Als die Nonne dann bei ihrem Auto angekommen ist und versucht, das Benzin, das in dem Nachttopf ist, in den Tank einzufüllen, hält plötzlich ein Autofahrer an und sagt: »Schwester, Ihren Glauben möchte ich haben!«

Es kann hilfreich sein, nach Vorbildern im Glauben zu suchen. Sie können uns Orientierung geben, uns inspirieren und ermutigen. Sie können uns dazu anspornen, uns neue Ziele zu setzen, uns positiv zu verändern, zu wachsen und zu reifen. Wir können uns mit ihnen identifizieren und von ihnen lernen. An dieser Stelle sollten wir aber auch nachsichtig mit uns selbst sein. Zudem sollten wir uns hinterfragen, aus welcher Motivation heraus wir Vorbilder haben oder anderen nacheifern. Letztlich sollte unsere Motivation sein, Gott zu gefallen. Hier bin ich der Meinung, dass Gott ein sehr großes Herz hat, wenn es um die Liebe zu uns Menschen geht. Wenn man also merkt, dass man sich zu sehr mit anderen Menschen vergleicht und sich dabei schlecht fühlt, dann ist es höchste Zeit umzudenken. Wir müssen nicht alle Hiobs werden.

Jeder Mensch ist von Gott einmalig geschaffen. Kein Mensch existiert zweimal auf dieser Welt. In dieser Einzigartigkeit zeigt sich wiederum die Vielfalt: Jeder Mensch ist anders, jeder Mensch reagiert anders, jeder Mensch fühlt anders, jeder Mensch denkt und handelt anders. In der Bibel finden sich viele Geschichten von Menschen, die als Vorbilder für den Glauben gelten können. Noah zum Beispiel baute auf Gottes Geheiß mitten im trockenen Land eine riesige Arche. Manche nehmen es ihm heute noch übel, dass er die beiden Stechmücken mitnahm, als die Sintflut kam.

Die Dinosaurier waren der Meinung, dass das regnerische Wetter nicht für eine Bootsfahrt geeignet sei. Dumm gelaufen, jetzt sind sie ausgestorben.

Daniel blieb seinem Glauben treu und betete weiter zu Gott, was ihm eine Nacht in der Löwengrube einbrachte. Oder der mutige Hirtenjunge David, der darauf vertraute, dass Gott ihm auch gegen einen scheinbar übermächtigen Gegner helfen würde.

Die Suche nach Vorbildern im Glauben muss immer in einem gesunden Maß erfolgen. Sie darf niemals krank machen. Kein Mensch sollte daran zerbrechen, sich selbst kasteien oder sich selbst herabwürdigen.

Eine entscheidende Vorbildfunktion kann den Eltern zukommen. Der Psychiater und Psychotherapeut Hans-Otto Thomashoff hat ein Buch geschrieben, das allein schon wegen seines Titels in den Bücherschrank aller Eltern und solcher, die es werden wollen, gehört: »Damit aus kleinen Ärschen keine großen werden: Warum Eltern die besten Vorbilder sind«.[23]

Für mich persönlich als Vater von drei Kindern ist es ein großes Anliegen, meinen Kindern ein Vorbild zu sein und sie bestmöglich auf ihre Selbstständigkeit vorzubereiten. Auch das gelingt sicher an manchen Tagen besser und an anderen vielleicht nicht immer so, wie ich es mir selbst wünsche. Aber eines kann ich mit hundertprozentiger Sicherheit sagen: Mit einer heiteren Gelassenheit gelingt Erziehung viel leichter als mit einer verbissenen und perfektionistischen Anspruchshaltung.

---

23 Thomashoff 2018

Kürzlich hatte ich ein tiefgründiges Gespräch mit meiner vierjährigen Tochter über die unterschiedlichen Begabungen und Stärken von uns Menschen. Ich versuchte ihr zu erklären: »Manche Menschen können gut zuhören, andere sind musikalisch. Dann gibt es Menschen, die sind sportlich, und andere können Dinge sehr schnell begreifen und sind intelligent. Die Mama ist zum Beispiel sehr intelligent. Sie ist viel schlauer als der Papa. Sie interessiert sich für viele Dinge und liebt es, Neues zu lernen.« Als ich ihr weiter erklären wollte, dass manche Begabungen vielleicht genetisch bedingt sind, andere sich aber entwickeln und erlernt werden können, unterbrach mich meine Tochter: »Das macht doch nichts Papa, dafür bist du lustiger.«

Zweifeln, aber bitte nicht verzweifeln

Für viele Menschen, die Probleme mit dem Glauben haben, hat ein Großteil der Probleme weniger mit Gott selbst zu tun, sondern eher mit den falschen Vorstellungen, die sie von ihm haben bzw. die sie sich von ihm machen.[24]

Zweifel können auf verschiedene Faktoren zurückzuführen sein, z. B. negative Erfahrungen, schwierige Lebensumstände, Wissenslücken oder Irrationalität. Zweifel haben also immer bestimmte Gründe, die sie hervorrufen.

Für viele Christen ist der Zweifel am christlichen Glauben eine Untugend oder ein Zeichen der Anfechtung durch das

24 vgl. Dirnbeck 2016, S. 30

Böse. »Wer glaubt, zweifelt nicht!« heißt es nicht selten. Aber Zweifel sind etwas zutiefst Menschliches und deshalb völlig in Ordnung. Ich wage sogar zu behaupten, dass etwas nicht stimmen kann, wenn man nie an etwas zweifelt und ständig mit einer rosaroten Brille durch die Welt geht.

In der Bibel gibt es viele Geschichten von Menschen, die gezweifelt oder Gott herausgefordert haben. Zum Beispiel der Apostel Thomas, der erst glaubt, dass Jesus auferstanden ist, als er ihn mit seinen durchbohrten Händen vor sich sieht (Johannes 20,24-40). Oder Johannes der Täufer, der nachfragen lässt, ob Jesus wirklich der erwartete Retter ist, auf den alle warten (Lukas 7,18-30). Auch Sara, die Frau Abrahams, wurde in diesem Buch schon beim Thema Lachen erwähnt. Sie zweifelte daran, dass sie im hohen Alter doch noch schwanger werden würde (1. Mose 18,13).

Gideon forderte zuerst ein deutliches Zeichen von Gott (nasse Wolle auf trockenem Boden und danach trockene Wolle auf nassem Boden), das ihm zeigen sollte, dass Gott ihn auserwählt hatte, sein Volk zu befreien (Richter 6,33-40).

Selbst Petrus, der Fels, zweifelte plötzlich, als Jesus ihn aufforderte, ihm auf dem Wasser entgegenzukommen (Matthäus 14,22-33). Die anfängliche Selbstverständlichkeit verwandelte sich plötzlich in Unsicherheit und Angst. Warum? Wahrscheinlich, weil es menschlich ist. Physikalische Gesetze sehen nicht vor, dass ein Mensch auf dem Wasser laufen kann, und unser Glaube ist oft kleiner als unser Wissen und unsere Zweifel. Es ist wichtig, dies zu erkennen und vor Gott zu bringen. So wie der Vater eines fallsüchtigen Jungen, der Jesus um Hilfe bittet: »Ich glaube! Hilf meinem Unglauben!« (Markus 9,24)

Der deutsch-französische Arzt und Theologe Albert Schweitzer vertrat die Auffassung, dass das Christentum das (eigene) Denken nicht ersetzen kann, sondern voraussetzt.

Ein gesunder Zweifel ist daher meiner Meinung nach immer besser als ein kranker Glaube. Es könnte also sein, dass der Zweifel notwendig ist, um im Glauben zu wachsen.

Oder um es etwas provokanter auszudrücken: Wer nie zweifelt, kann vielleicht auch nicht richtig glauben! Marie von Ebner-Eschenbach sagte einmal: »Der Gläubige, der nie gezweifelt hat, wird schwerlich einen Zweifler bekehren.«[25] Und wie heißt es so schön: »Ich brauche Wahrheit, also zweifle ich. Ich brauche Hoffnung, daher glaube ich.« Gerade im Zweifeln kann es wichtig sein zu glauben, denn der Glaube gibt uns Hoffnung.

Das höchste der Gefühle ist es, wenn es uns gelingt, an etwas zu glauben, was wir (vermeintlich) nicht sehen können. So sagte Jesus bereits: »Selig sind, die nicht sehen und doch glauben.« (Johannes 20,29)

Humor mit seinem Optimismus kann hier eine tragende Rolle spielen. Der bereits mehrfach angesprochene Perspektivwechsel, der durch Humor erfolgen kann, ist dabei enorm hilfreich. Zweifel gehören zum (Glaubens-)Leben. Für den Theologen Alexander Garth dürfen sie allerdings nur ein Durchgangsstadium auf dem Weg zur Gewissheit sein.[26]

---

25 Ebner-Eschenbach 1880
26 Garth 2015, S. 29

Wenn es also gelingt, nicht zu verzweifeln, kann aus dem Zweifel heraus der eigene Glaube wachsen und gestärkt werden.

Daher:

Verzweifle nicht, wenn du kein Profi bist. Denk immer daran: Ein Amateur hat die Arche gebaut, Profis die Titanic.

Jesus is Always the Answer

Der Religionslehrer stellt seinen Schülern eine Frage: »Wer kann mir sagen, was das ist: Es hüpft von Ast zu Ast und hat einen buschigen Schwanz?«
Daraufhin meldet sich Fritzchen: »Normalerweise hätte ich gesagt, dass es ein Eichhörnchen ist. Aber wie ich den Laden hier kenne, ist die Antwort bestimmt wieder Jesus.«

Die Geburt Jesu ist für viele Menschen ein Mysterium. Vor allem an der Frage der Jungfräulichkeit scheiden sich die Geister. War Maria wirklich Jungfrau oder handelt es sich hier nur um einen Übersetzungsfehler, denn als Jungfrauen bezeichnete man damals auch unverheiratete junge Frauen, die im besten Fall noch ihre Jungfräulichkeit besaßen.

Nachdem der Frauenarzt die junge Dame gründlich untersucht hat, sagt er: »Nun, gnädige Frau, wenn Sie heute Abend Ihren Mann sehen ...« – Die Frau unterbricht: »Ich bin nicht

verheiratet, Herr Doktor!« – »Nun also, wenn Sie dann eben Ihren Verlobten sehen ...«
Die Frau unterbricht erneut: »Ich bin auch nicht verlobt.«
»Auch gut, dann eröffnen Sie eben Ihrem Freund ...« Wieder fährt die Frau dazwischen: »Ich habe keinen Freund, Herr Doktor, und überhaupt habe ich in meinem ganzen Leben noch nie etwas mit einem Mann zu tun gehabt!«
Da steht der Arzt nachdenklich auf, geht zum Fenster und schaut hinaus. Irritiert fragt die Patientin: »Herr Doktor, warum schauen Sie denn so angespannt aus dem Fenster?« Daraufhin der Arzt: »Ich warte. Das letzte Mal, als so etwas passierte, ging ein Stern im Osten auf.«

Heute würde die Geschichte wahrscheinlich ganz anders ausgehen als damals.

Säugling in Stall gefunden – Polizei und Jugendamt ermitteln, Zimmermann aus Nazareth und unmündige Mutter vorläufig festgenommen

BETHLEHEM, JUDÄA – In den frühen Morgenstunden wurden die Behörden von einem besorgten Bürger alarmiert. Er hatte eine junge Familie entdeckt, die in einem Stall haust.
Bei Ankunft fanden Mitarbeitende des Sozialdienstes, die durch Polizeibeamte unterstützt wurden, einen Säugling, der von seiner erst 14-jährigen Mutter, einer gewissen Maria H. aus Nazareth, in Stoffstreifen gewickelt in eine Futterkrippe gelegt worden war.
Bei der Festnahme von Mutter und Kind versuchte ein Mann, der später als Josef H., ebenfalls aus Nazareth, identifiziert

wurde, die Sozialarbeiter abzuhalten. Josef, unterstützt von anwesenden Hirten sowie drei nicht identifizierten Menschen mit Migrationshintergrund, wollte die Mitnahme des Kindes unterbinden, wurde aber von der Polizei daran gehindert.
Festgenommen wurden auch die drei Personen mit Migrationshintergrund, die sich als »weise Männer« eines östlichen Landes bezeichneten. Sowohl das Innenministerium als auch der Zoll sind auf der Suche nach Hinweisen über die Herkunft dieser drei Männer, die sich anscheinend illegal im Land aufhalten. Ein Sprecher der Polizei teilte mit, dass sie keinerlei Identifikation bei sich trugen, aber in Besitz von Gold sowie von einigen möglicherweise verbotenen Substanzen waren. Sie widersetzten sich der Festnahme und behaupteten, Gott habe ihnen aufgetragen, sofort nach Hause zu gehen und jeden Kontakt mit offiziellen Stellen zu vermeiden. Die mitgeführten Chemikalien wurden zur weiteren Untersuchung in das Kriminallabor geschickt.
Der Aufenthaltsort des Säuglings wird bis auf Weiteres nicht bekannt gegeben. Eine schnelle Klärung des ganzen Falls scheint sehr zweifelhaft.
Auf Rückfragen teilte eine Mitarbeiterin des Sozialamts mit: »Der Vater ist mittleren Alters und die Mutter ist definitiv noch nicht volljährig. Wir prüfen gerade mit den Behörden in Nazareth, in welcher Beziehung die beiden zueinander stehen.«
Maria ist im Kreiskrankenhaus in Bethlehem zu medizinischen und psychiatrischen Untersuchungen. Sie kann mit einer Anklage rechnen. Weil sie behauptet, sie wäre noch Jungfrau und der Säugling stamme von Gott, wird ihr geistiger Zustand näher unter die Lupe genommen.

Der offiziellen Mitteilung des Chefarztes der Psychiatrie ist zu entnehmen: »Mir steht nicht zu, den Menschen zu sagen, was sie glauben sollen, aber wenn dieser Glaube dazu führt, dass – wie in diesem Fall – ein Neugeborenes gefährdet wird, muss man diese Leute als gefährlich einstufen. Die Tatsache, dass Drogen, die vermutlich von den anwesenden Migranten verteilt wurden, vor Ort waren, trägt nicht dazu bei, Vertrauen zu erwecken. Ich bin mir jedoch sicher, dass alle Beteiligten mit der nötigen Behandlung in ein paar Jahren wieder normale Mitglieder unserer Gesellschaft werden können.«
Zu guter Letzt erreicht uns noch diese Info: Die anwesenden Hirten behaupteten übereinstimmend, dass ihnen ein großer Mann in einem weißen Nachthemd mit Flügeln (!) auf dem Rücken befohlen hätte, den Stall aufzusuchen und das Neugeborene zu seinem Geburtstag hochleben zu lassen.
Dazu meinte ein Sprecher der Drogenfahndung: »Das ist so ziemlich die dümmste Ausrede vollgekiffter Junkies, die ich je gehört habe.«
(unbekannter Verfasser)

Außerdem wäre es hinsichtlich der Kinderbetreuung heutzutage mehr als überraschend, wenn Josef und Maria so schnell einen Krippenplatz bekommen würden.

Josef, der arme Kerl, kann einem ja sowieso leidtun:

Maria und Josef stehen in Bethlehem vor einer Herberge und bitten um Quartier.
Der Wirt: »Wir haben kein Zimmer mehr frei.«

Josef: »Ja, seht Ihr denn nicht, dass mein Weib schwanger ist?«
Daraufhin der Wirt: »Dafür kann ich doch nichts.«
Josef: »Ich vielleicht?«

Ein weiteres Geheimnis scheint für viele Menschen die Auferstehung Jesu zu sein.

Natürlich wissen wir, dass »Jesus« nicht die Antwort auf alle Fragen ist, aber wohl die wichtigste, wenn es um uns Menschen und das Leben nach dem Tod geht.

Ein Rabbi betet zu Gott: »Lieber Gott, mein Sohn ist Christ geworden!«
Gott: »Ja und, meiner auch!«
Rabbi: »Und was hast du gemacht?«
Gott: »Ein Neues Testament geschrieben!«

Der Tod Jesu am Kreuz hat alles verändert. Er ist gestorben, damit wir leben können.

Viele Wege führen nach Rom, aber nur einer in den Himmel. Deshalb führt kein Weg an Jesus vorbei. Er ebnet einen neuen Weg hin zu befreitem Glauben – he is always the answer (Johannes 14,6).

Pfarrer Müller fährt mit seinem Fahrrad und hält dabei die Hände zum Gebet gefaltet. Plötzlich wird er von der Polizei angehalten: »Herr Pfarrer, freihändig zu fahren, ist sehr gefährlich und aus diesem Grunde verboten. Es kostet Sie ein Bußgeld von 50 Euro.«
Der Pfarrer versucht zu beschwichtigen: »Aber, mein lieber

Sohn, ist das denn wirklich nötig? Ich fahre doch nicht allein, Jesus fährt mit mir.«

Daraufhin der Polizist: »Zu zweit auf einem Fahrrad fahren ist auch verboten. Das macht dann 100 Euro Strafe.«

Jesus, Mose und ein alter Mann spielen Golf. Jesus schlägt als Erster ab und spielt seinen Ball in einen Teich. Ungestört schreitet er über das Wasser und spielt mit seinem zweiten Schlag direkt aufs Grün.

Mose macht seinen Abschlag und spielt ebenfalls in den Teich. Er geht hinüber zum Gewässer, steht davor, das Wasser teilt sich und er setzt sein Spiel fort mit einem Schlag direkt aufs Grün.

Schließlich ist der alte Mann an der Reihe. Er spielt ebenfalls in Richtung Teich, aber als der Ball fast die Oberfläche berührt, springt ein Lachs aus dem Wasser und schnappt sich den Ball. Bevor jedoch der Fisch ins Wasser zurückfallen kann, stürzt sich ein Adler herunter und fängt den Lachs. Der Adler fliegt über das Grün, lässt den Fisch fallen und als dieser auf das Grün fällt, verliert er den Ball, der sodann ins Loch rollt.

Jesus, der dieses »hole in one« gesehen hat, dreht sich zu dem alten Herrn um und sagt: »Wenn du nicht aufhörst zu schummeln, spielen wir nächstes Mal ohne dich, Papa!«

Himmlische Aussichten

Im Unterricht fragt der Religionslehrer seine dritte Klasse, ob ihm jemand sagen könne, was man tun muss, damit man in den Himmel kommt. Daraufhin meldet sich Dieter: »Sterben.«

Im Himmel klopft es an der Pforte. Petrus steht auf, geht an die Tür und fragt den davorstehenden Mann: »Wie heißt du denn, mein Sohn?«
Der Mann antwortet: »Ich bin Hans Gruber aus Mün…« Und schwupp, war er plötzlich wieder verschwunden. Petrus ist irritiert und legt sich wieder auf seine Wolke. Auf einmal klopft es erneut an der Tür. Petrus steht erneut auf, läuft zur Eingangspforte und sieht, dass der gleiche Mann von vorhin wieder um Einlass bittet.
»Ich bin Hans Gruber aus Mün…«, und wieder ist er verschwunden.
Die gleiche Situation ereignet sich noch zwei weitere Male. Petrus denkt so langsam, dass hier irgendetwas nicht in Ordnung sein kann, und geht daraufhin zu seinem Chef.
»Gott, ich glaube, es gibt hier irgendein Problem.«
»Was gibt es denn für ein Problem, mein lieber Petrus?«, fragt Gott.
»In der letzten halben Stunde stand jetzt schon mehrfach ein Mann vor der Himmelspforte und wenn ich ihn anspreche, sagt er: ›Ich bin Hans Gruber aus Mün…‹, und verschwindet dann plötzlich immer wieder.«
Gott: »Ach so, das ist der Grubers-Hans aus München. Der liegt gerade in der Notaufnahme und wird wiederbelebt.«

Man sagt oft: »Das Beste kommt zum Schluss« oder »Wer zuletzt lacht, lacht am besten«. Diese Aussagen können leicht missverstanden werden. Ja, ich gehe selbstverständlich davon aus, dass das Beste zum Schluss kommt, wenn wir nicht mehr auf dieser Erde sind. Das sollte uns aber nicht dazu veranlassen, das irdische Leben als Last oder die Welt als Ort der Grausamkeit und des Leidens zu sehen. Natürlich passieren hier täglich schlimme Dinge und es ist nicht immer alles toll und schön, aber wir haben es immer ein Stück weit selbst in der Hand, was wir in und aus unserem Leben machen. Wenn ich einmal an den Punkt komme, auf mein Leben zurückzublicken, dann möchte ich sagen können, dass ich ein schönes und fröhliches Leben hatte. Da man nie weiß, wann das sein wird, lohnt es sich, schon jetzt damit anzufangen, Lebensfreude zu entwickeln.

Es ist schwer, sich vorzustellen, wie es einmal im Himmel sein wird. Aber als stolzer Mittelfranke weiß ich natürlich, dass das Himmelreich in Erlangen liegt.

> Der Pfarrer fragt im Konfirmandenunterricht: »Weiß jemand von euch, wo das Himmelreich liegt?«
> Da meldet sich Hansi: »Ja, in Erlangen.«
> »Wie kommst du denn darauf?«, will der Pfarrer wissen.
> »Na, in der Bibel steht doch: Suchet das Reich Gottes zu erlangen ...«

Zugegeben, der Begriff »Himmel« ist im deutschen Sprachgebrauch etwas schwierig. Im Englischen unterscheidet man zwischen sky (das Firmament, das über uns sichtbar ist) und heaven (der Ort, an dem wir hoffentlich nach dem Tod sein werden). Niemand von uns hat diesen »Ort« bisher gesehen und er liegt außerhalb unserer Vorstellungskraft. Aber die Vorstellung davon ist ein Antrieb für unseren Glauben und unser Handeln auf dieser Erde.

Kommen faule Menschen eigentlich auch in den Himmel oder werden sie abgeholt?

Haben wir Christen nicht den Auftrag, ein Stück Himmel auf diese Erde zu bringen? Ich denke ja, und deshalb sollten wir schon heute damit anfangen und die Freude weitergeben.

Der dänische Theologe und Philosoph Søren Kierkegaard hat einmal einen wichtigen Satz gesagt. Er war der Meinung, dass man das Leben oft nur rückblickend verstehen kann, man es aber vorwärts leben muss. Deshalb möchte ich Sie am Ende dieses Buches ermutigen, Ihr Leben zu leben – dankbar, heiter, fröhlich, glücklich und zufrieden. Wir haben nur ein Leben auf dieser Erde. Darum sollten wir es nicht zu schwer nehmen. Wie heißt es doch so schön: »Nimm das Leben nicht zu ernst, du kommst hier sowieso nicht lebend raus.« Außerdem ist das Leben viel zu kurz, um es schwer zu nehmen.

Der neue Pfarrer eines kleinen Dorfes kommt das allererste Mal in seine neue Pfarrei. Auf der Straße begegnet ihm ein kleiner Junge. Er bittet den Jungen, ihm den Weg zur Kirche zu zeigen. Nachdem der Junge ihm den Laufweg erklärt hat, bedankt sich der Pfarrer mit den Worten: »Vielen Dank, mein lieber Junge. Da du mir so freundlich den Weg zur Kirche gezeigt hast, werde ich dir am Sonntag beim Kindergottesdienst den Weg zum Himmel zeigen.«

»Ach«, bezweifelt der Junge ungläubig, »Sie wollen den Weg zum Himmel kennen, aber den zur Kirche kennen Sie nicht?«

Als Sherlock Holmes in den Himmel kommt, begrüßt er als Erstes Adam und Eva namentlich. Darauf erwidert Adam überrascht: »Wie haben Sie uns denn so schnell erkannt?«
Die Antwort von Sherlock Holmes kommt prompt: »Ganz einfach, Sie sind die beiden Einzigen hier ohne Bauchnabel.«

Ein verstorbener Pastor kommt vor die Himmelstüre und muss erst einmal warten. Plötzlich erscheint ein verstorbener Busfahrer, dem sofort Einlass gewährt wird.
Der Pastor kann das nicht verstehen und erkundigt sich: »Warum muss ich warten? Ich bin doch vom Fach!«
Daraufhin antwortet Petrus: »Das ist ganz einfach. Wenn du gepredigt hast, haben alle Leute geschlafen. Wenn der Busfahrer Bus gefahren ist, haben sie alle gebetet!«

Herr Müller klopft an die Himmelstür, Petrus öffnet und fragt ihn: »Was wollen Sie hier?« Herr Müller fordert seinen Einlass in den Himmel. Petrus schlägt sein goldenes Buch auf, in dem alle Namen der Personen stehen, denen er Einlass gewähren darf. Er blättert lange und sagt dann: »Es tut mir sehr leid, aber Sie stehen leider nicht in diesem Buch, daher kann ich Sie nicht reinlassen.« Herr Müller ist außer sich vor Wut und will das nicht akzeptieren. So fordert er Petrus auf, noch einmal genauer in sein Buch zu schauen. Möglicherweise habe er ihn einfach versehentlich überlesen. Petrus blättert und sucht erneut, allerdings kommt er zu keinem anderen Ergebnis. Herr Müller steht nicht in seinem Buch. Petrus sagt: »Ich kann Sie wirklich nicht hereinlassen, denn in meinem Buch steht nichts davon, dass Sie je etwas Gutes getan hätten.«

Herr Müller widerspricht ihm: »Also jetzt hören Sie mal, ich bin ein guter Christ, denn ich habe mein ganzes Leben lang die Kirchensteuer gezahlt. Ich habe also ein Recht darauf, in den Himmel zu kommen.«
Da wird Petrus plötzlich unsicher und sagt zu Herrn Müller: »Warten Sie bitte einen Augenblick hier, ich rede mal mit dem Chef.« Nach kurzer Zeit kehrt Petrus zurück: »Herr Müller, Ihr Fall ist geklärt. Sie bekommen Ihr Geld zurück!«

An einem kalten Wintersamstag machen der Dorfpfarrer, ein Kirchenvorsteher und ein ganz besonders frommes Gemeindemitglied einen Ausflug zum Skifahren. An einer glatten Stelle kommt ihr Auto ins Schleudern und sie verunglücken tödlich.
Selbstverständlich kommen alle drei in den Himmel, wo sie vor einem großen goldenen Tor, das zum Thronsaal führt, darauf warten, dass der liebe Gott sie empfängt. Als Erstes wird der Pfarrer hineingelassen. Nach etwa einer halben Stunde kommt er wieder heraus und schüttelt mehrfach seinen Kopf: »Mensch, was ich alles falsch gemacht habe, was ich alles falsch gemacht habe ...«
Als Nächstes ist der Kirchenvorsteher an der Reihe. Eine halbe Stunde vergeht, aber nichts passiert. Nach einer Stunde öffnet sich das mächtige Tor, der Kirchenvorsteher kommt heraus und schüttelt ebenfalls seinen Kopf: »Oje, was ich alles falsch gemacht habe, was ich alles falsch gemacht habe ...«
Zum Schluss kommt nun der besonders fromme Mann in den Thronsaal. Eine halbe Stunde vergeht, eine ganze Stunde vergeht, zwei Stunden vergehen, aber es passiert nichts. Die

anderen beiden werden langsam unruhig und laufen vor dem Thronsaal auf und ab. Endlich, nach über drei Stunden, öffnet sich das Tor und Gott kommt herausgelaufen. Er schüttelt immer wieder den Kopf: »Was ich alles falsch gemacht habe, was ich alles falsch gemacht habe …«

EPILOG

Lachen und Humor haben viele positive Auswirkungen auf unseren Körper, unsere Psyche und unsere sozialen Interaktionen und Verhaltensweisen.

Abschließend möchte ich noch einmal zusammenfassen, wie Humor und die damit verbundene Heiterkeit das Glaubensleben positiv beeinflussen können:

Heitere Gelassenheit im Glaubensleben zu erlangen, ist ein Prozess, der bewusst in Gang gesetzt und beschleunigt werden kann. Man könnte diesen Prozess mit der Entspannung vergleichen. Aus wissenschaftlichen Untersuchungen wissen wir, dass unser Körper durch das regelmäßige Praktizieren von Entspannungstechniken lernt, auf Anspannung künftig mit Entspannung zu reagieren. Ähnlich verhält es sich mit dem Sinn für Humor, der gepflegt werden will, damit er sich zu einer wichtigen Ressource entwickeln kann.

Das Leben ist viel zu kurz, um sich ständig zu fragen, was andere Menschen über einen denken. Viel wichtiger scheint die Frage, was Gott über uns denkt. Hier kann Humor sehr hilfreich sein, um eine gelassenere Haltung zu entwickeln. Humor lehrt uns, gnädiger mit uns selbst und unseren vermeintlichen Fehlern oder Macken umzugehen. Er kann dazu beitragen, uns selbst nicht so wichtig zu nehmen und uns so anzunehmen, wie wir sind. Unser Glaubensleben kann durch Humor auf vielfältige Weise positiv beeinflusst werden. Humor hat nicht nur eine entspannende Wirkung auf unsere Muskeln, sondern kann dazu beitragen, unser Wohlbefinden zu fördern, Stress abzubauen und Spannungen und Ängste im Glaubensleben zu mindern. Er kann helfen, unser Vertrauen in Gott und seine Führung in unserem Leben zu stärken und in schwierigen Zeiten Hoffnung zu schöpfen und Zuversicht zu bewahren.

Durch den positiven und lebensbejahenden Aspekt, der dem Humor innewohnt, können wir die Welt, Gott und den christlichen Glauben mit anderen Augen sehen. Humor kann dabei behilflich sein, eigene Glaubenssätze oder das vorherrschende Gottesbild zu hinterfragen und diese mit einem Augenzwinkern zu betrachten.

Humor rüttelt an festgefahrenen und belastenden Denkweisen und lädt dazu ein, diese zu überdenken und sie aus einer anderen Perspektive zu betrachten. So kann eine neue Leichtigkeit entstehen. Ich glaube, es ist schon viel gewonnen, wenn es gelingt, die Vorstellung von einem strafenden Gott hin zu einem liebenden Gott zu verändern, der es gut mit uns Menschen meint, der uns das Lachen und den Humor geschenkt hat, damit wir fröhlicher leben können.

Durch die Förderung der Kreativität kann Humor zu einem neuen Zugang zu Gott und zu einem befreienden Glaubensleben verhelfen. Wenn wir das Leben mit Humor betrachten, können wir neue Lösungen für Probleme finden und kreative Ideen entwickeln. Humor macht das Leben nicht eintönig, sondern bunter, interessanter und abwechslungsreicher. Humor ist ein wunderbares Kommunikationsmittel. Durch die Offenheit, die er signalisiert, wirkt er als ungezwungenes und einladendes Beziehungsangebot. So kann er helfen, schneller und besser mit seinen Mitmenschen in Kontakt zu kommen und rasch eine positive Atmosphäre zu schaffen, in der sich Menschen wohl und willkommen fühlen. Dadurch wird das Gemeinschafts- und Zusammengehörigkeitsgefühl gestärkt. Durch die ansteckende Wirkung des Lachens kann Humor als Türöffner gesehen werden, um andere Menschen für den christlichen Glauben zu begeistern. Wenn wir anderen Menschen durch unseren Humor Freude schenken, können wir ihnen zeigen, dass der Glaube an Gott nicht nur ernst, sondern auch heiter, bereichernd, befreiend und erfüllend sein kann.

Humor kann ebenfalls dabei helfen, die eigene Widerstandsfähigkeit (Resilienz) zu stärken, und er ist eine wichtige Ressource, um in schwierigen Zeiten nicht zu verzweifeln oder sogar etwas Positives darin zu sehen. Eine humorvolle Betrachtung des eigenen Lebens und Glaubens kann die Sinnhaftigkeit des Lebens fördern. Humor kann dem Leben und dem Glauben etwas von seiner Schwere oder vermeintlichen Bedrohlichkeit nehmen. Humor zeigt unsere Menschlichkeit und lässt uns besser mit unseren Fehlern und Schwächen umgehen. So können wir auch gelassener mit den Unzulänglichkeiten unserer Mitmenschen klarkommen. Humor durchbricht nicht nur die Ernsthaftigkeit, sondern auch die Verbitterung und kann so helfen, anderen zu vergeben. Humor bringt Freude und Zufriedenheit. Er lässt uns dankbar sein für die kleinen Dinge des Lebens. Da Humor in der Gegenwart stattfindet, trägt er dazu bei, bewusst im Hier und Jetzt zu leben und den Augenblick sinnlich wahrzunehmen und zu genießen.

Humor kann auch helfen, Dinge loszulassen, die nicht kontrollierbar sind oder zu sein scheinen. Mit heiterer Gelassenheit gelingt es besser, die Dinge Gott anzuvertrauen und seiner Führung und Leitung zu überlassen. Dann gelingt es im wahrsten Sinne des Wortes, das Beste aus einer Situation oder dem Leben zu machen.

Studien zeigen, dass Menschen mit Humor zufriedener und glücklicher sind. Deshalb soll der Glaube an Gott Freude bereiten. Wichtig ist, auf Gott und seine Führung zu vertrauen und sich auf den Prozess des Wachstums und der Veränderung einzulassen.

Der Schriftsteller und Journalist Otto Julius Bierbaum hat einmal gesagt »Verloren ist, wer den Humor verlor.« Ich finde, dieser Satz passt nicht nur auf unsere Zeit, sondern auf das Leben überhaupt.

So wünsche ich Ihnen, dass Sie Ihren Humor behalten, vielleicht wiederfinden und fördern und dass er sich positiv auf Ihr Glaubensleben auswirkt.

Mein Plädoyer zum Ende dieses Buches lautet daher:

Finden Sie Ihren eigenen Glaubensweg, tragen Sie Jesus fest im Herzen und versuchen Sie, ein guter Mensch zu sein. Wenn Sie dann noch den Humor und das Lachen nicht vergessen, kann wohl nichts mehr schiefgehen.

Es heißt, dass viele Menschen in unserem Leben Spuren hinterlassen, aber nur wenige Menschen einen nachhaltigen Eindruck. Seien Sie daher für Ihre Mitmenschen eine Person, die nicht nur eine Spur, sondern auch einen (positiven) Eindruck hinterlässt. In diesem Sinne wünsche ich Ihnen ein fröhliches (Glaubens-)Leben.

> *»Ja, Großes hat der Herr für uns getan, darum freuen wir uns sehr!«*
> (Psalm 126,3)

LITERATUR

Backhaus, Arno (2005): Bibel dir deine Meinung: Die Bibel kreativ – lesen wie noch nie. 2. Auflage. Moers: Brendow.

Bateson, Gregory (1985): Ökologie des Geistes: Anthropologische, psychologische, biologische und epistemologische Perspektiven. Frankfurt am Main: Suhrkamp Verlag.

Bateson, Gregory (1987): Geist und Natur: Eine notwendige Einheit. Frankfurt am Main: Suhrkamp Verlag.

Berger, Klaus (2019): Ein Kamel durchs Nadelöhr? Der Humor Jesu. 2. Auflage. Freiburg im Breisgau: Herder.

Csíkszentmihályi, Mihály (2017): Flow: Das Geheimnis des Glücks. Stuttgart: Klett-Cotta.

Dirnbeck, Josef (2016): Gott lacht: Ein fröhlicher Crashkurs des christlichen Glaubens. Leipzig: St. Benno Verlag.

Dreyer, Martin (2016): Der vergessene Jesus. München: Gütersloher Verlagshaus.

Ebner-Eschenbach, Marie von (1880): Aphorismen. Berlin: Franz Ebhardt.

Frankl, Viktor Emil (2009): ... trotzdem Ja zum Leben sagen: Ein Psychologe erlebt das Konzentrationslager. 11. Auflage. München: Kösel-Verlag.

Garth, Alexander (2015): Zweifel hat Gründe – Glaube auch. Holzgerlingen: SCM Verlag.

Gutmann, Jonathan (2016): Humor in der psychiatrischen Pflege. Bern: Hogrefe.

Hirsch, Rolf Dieter (2001): Humor in der Psychotherapie alter Menschen. In: Hirsch, Rolf D.; Buder, Jens; Radebold, Hartmut (Hrsg.). Heiterkeit und Humor im Alter. Kassel: Schriftenreihe der Deutschen Gesellschaft für Gerontopsychiatrie und -psychotherapie.

Hybels, Bill (2002): Courageous Leadership. Grand Rapids, Michigan: Zondervan.

Lüken, Diederich (2016): Selig sind die Lachenden: Christlicher Humor mit erfrischender Botschaft. Neukirchen-Vluyn: Neukirchener Verlagsgesellschaft.

Martin, Rod A. (2007): The Psychology of Humor. An Integrative Approach. Burlington, MA: Elsevier Inc.

Morgner, Christoph (2013): Wer gerne lacht, bleibt länger jung: Auf den Spuren eines fröhlichen Glaubens. Neukirchen-Vluyn: Neukirchener Verlagsgesellschaft.

Plass, Adrian (2008): Bratwurst mit Senf und Seelenheil: Mein ultimatives Wörterbuch des wahren Glaubens. Moers: Brendow Verlag.

Rauschert, Christian; Möckl, Justin; Seitz, Nicki-Nils; Wilms, Nicolas; Olderbak, Sally; Kraus, Ludwig (2022): Konsum psychoaktiver Substanzen in Deutschland – Ergebnisse des Epidemiologischen Suchtsurvey 2021. Dtsch Arztebl Int; 119: 527-34; DOI: 10.3238/arztebl.m2022.0244.

Spurgeon, Charles Haddon (1985): Ein Gramm Glaube wiegt mehr als Berge von Philosophie. 6. Auflage. Wuppertal und Kassel: Oncken Verlag.

Spurgeon, Charles Haddon (2020): Lectures to My Studends: Practical and Spiritual Guidance for Preachers. Volume 2. Revised Edition. Abbotsford, WI: Aneko Press.

Thomas, Gary Lee (2015): Neun Wege, Gott zu lieben: Die wunderbare Vielfalt des geistlichen Lebens. Witten: SCM R. Brockhaus.

Thomashoff, Hans-Otto (2018): Damit aus kleinen Ärschen keine großen werden: Warum Eltern die besten Vorbilder sind. München: Kösel-Verlag.

Ein weiteres Buch von Jonathan Gutmann

Jesus aber schlief.
Biblische Tipps für ein effektives Stressmanagement
ISBN 978-3-96362-206-9
175 Seiten, gebunden
auch als E-Book erhältlich

Stress ist ein alltägliches Phänomen und wird zunehmend zur Belastung. Vor allem dann, wenn uns ausreichende Erholungsphasen und geeignete Bewältigungsstrategien fehlen. Im Klinikalltag hat der Autor mit betroffenen Patienten reichlich Erfahrung gesammelt und ist dabei zu der Einsicht gekommen, dass schon die Bibel wertvolle Tipps zur Stressprävention enthält, die sich mit aktuellen wissenschaftlichen Erkenntnissen decken:

- Gott ruhte am siebten Tag.
- Jesus schlief nach der anstrengenden Bergpredigt.
- Mose erhielt von seinem Schwiegervater den Rat, Aufgaben zu delegieren

Dieses Buch stellt die effektivsten Stressmanagementtipps des 21. Jahrhunderts in das Licht der Bibel und ist eine wahre Fundgrube für alle, die sich nach einem gelassenen und entspannten Leben sehnen.